対人関係構築の
コミュニケーション入門

日本語教師のために

徳井厚子・桝本智子 著

ひつじ書房

前書き

One cannot not communication（人はコミュニケーションしないわけにはいかない）とよく言われています。「コミュニケーション」は私たちの生活の中で、人との関わりを考えるとき、切っても切り離せないものです。

本書では、特に対人、小集団、異文化コミュニケーションの理論を踏まえながら、自らのコミュニケーションの気づきや内省と、コミュニケーション能力向上のためのヒントを、幾つかの事例や理論、トレーニングを織り交ぜながら紹介していくものです。

本書では、以下の視点からコミュニケーションを捉えていきます。

・人と人との出会いから始まるものであること
・人々と意味を共有していくプロセスそのものであること
・静的で固定的なものではなく、動的（ダイナミック）な相互作用そのものの過程であり、常に変化していくものであること
・結果ではなく、人々の関係性を構築していくプロセスそのものであること

わたしたちの周りの社会生活すべては、コミュニケーション実践の場です。そういう意味で本書は大学生や小中学校の教員、ビジネスに関わっている方など幅広い方を対象としていますが、本書では特に異文化接触現場との関わりの深い日本語教員と日本語教員をめざしている方を対象としています。

日本語教育の現場は異文化コミュニケーションの場そのものです。それ故

に、日本語教員には、自己のコミュニケーション能力を高めるだけではなく、学習者と自己のコミュニケーションそのものに常に意識的になることが求められます。そして、このことは、日本語教員や教育に携わる者だけではなく、日常生活を営む人たち全員に求められているといえるでしょう。

『日本語教育のための教員養成について』(文化庁、2000)では、「コミュニケーション」は中核に位置づけられ、「日本語教育とは、広い意味でコミュニケーションそのものであり、教授者と学習者が固定的な関係ではなく、相互に学び、教え合う実際的なコミュニケーション活動と考えられる」と記されています。このような捉え方は、教授者、学生双方にとって重要であるといえるでしょう。

では、日本語教育で目指すコミュニケーションとは何でしょうか。筆者らは、日本語教育でめざすコミュニケーションとは、異なる背景を持つ人々とのコミュニケーションを行うためのコミュニケーション能力だけではなく、同じ背景をもつ身近な人々と行うコミュニケーション能力も含んでいるものと考えています。そして、自らのコミュニケーションへの気づきを高めていく能力も日本語教育でめざす重要なコミュニケーション能力の一つとして考えています。

本書の対象は、多くの方を幅広く対象としていますが、特に次の方たちを対象にしています。

対象とする方
・国内や海外で教えている日本語教師やボランティア
・日本語支援のコーディネーター
・小中高大学の教員
・高校生、大学生
・国内、海外で働いているビジネスマン

本書の主な使用例としては、
日本語教員養成講座でのテキスト／副読本として

日本語教員の方の副読本として
大学(一般教養、教員養成課程など)の授業でのテキスト、副読本として
大学あるいは大学院(コミュニケーション専門)のテキスト副読本として
日本語支援コーディネーター研修のテキストとして
大学生の就職面接の参考書として

本書の内容と構成について説明します。詳しくは目次をご覧下さい。
本書は「コミュニケーション」を中心のテーマに据え、次のテーマとの関わりから扱っていきます。
・異文化コミュニケーション
・対人／グループコミュニケーションの性質、実態とスキル
・具体的な場面や事例(場面や対象別)
・評価の方法
(なお、本書ではコミュニケーションの分野でも特に日本語教育の現場と関わりの深い上記の分野を対象とし、ビジネス場面にみられるネゴシエーション等は扱っておりません。)

本書の特徴は、本書は、「ワークブックのみ」「理論の概説書のみ」という特徴ではなく、理論と具体的な実践、事例の双方を取り込みながら、わかりやすく解説している点です。
(大学の1年生レベルのテキストを基準にしますが、理論的な概説も加えます)
具体的には、以下のような理論、実践、実例という3つの側面を備えています。

1 理論的な概説(従来の対人・異文化コミュニケーションの理論を特にコミュニケーションに焦点をあてながらわかりやすく解説)
2 実践(自己のコミュニケーションの意識化、内省、コミュニケーション

能力育成のためのエクセサイズ）
　3　事例（具体的な会話事例を入れながら解説）

　コミュニケーションの本質は、成功している時だけではなく、現場での様々な失敗から見えてくることも多いといえるでしょう。本書が、「これまで学生とのやりとりでうまくいかなかった原因がここにあった」「討論の進め方が改善した」「コミュニケーション自体を観察しながら参加するようになった」など、これまで出会っていなかった自分自身のコミュニケーションの内省や、コミュニケーション能力向上のきっかけとなれば幸いです。

　2005年12月

徳井厚子

桝本智子

目次

序章　　1

1　コミュニケーションとは何か　　1
2　コミュニケーションモデルの変遷　　2
3　コミュニケーションの種類と枠組み　　4
4　本書で扱うテーマについて　　6

1章　自己開示とコミュニケーション　　9

1　自己開示とは何か　　9
2　ジョハリの窓：自己開示を窓であらわすと　　12
3　自己開示とコミュニケーション　　16
　3-1　初対面の場面　　16
　3-2　相談場面　　17

2章　アイデンティティとコミュニケーション　　23

1　アイデンティティとは何か　　23
2　アイデンティティの研究　　24
　2-1　アイデンティティの研究の流れ　　24
　2-2　国内の研究者によるアイデンティティの研究　　26
3　コミュニケーションとアイデンティティ：相互行為分析との関連から　　27
　3-1　相互行為分析の視点　　27
　3-2　日本語教育における相互行為分析の研究　　29
4　コードスイッチングとアイデンティティ　　30

5	アイデンティティと発達：年少者とアイデンティティ	31
6	アイデンティティの落とし穴	33
7	多文化共生社会におけるアイデンティティの捉え方	35

3章　価値観　41

1	価値観とコミュニケーション	41
2	価値観と嗜好の違い	43
3	価値観の研究	45
	3-1　価値志向の概念	46
	3-2　価値観の比較研究	49
	3-2-1　個人主義・集団主義	50
	3-2-2　権力格差	53
	3-2-3　男性らしさ・女性らしさ	54
	3-2-4　不確実性回避	55
	3-2-5　儒教的価値観	57

4章　非言語コミュニケーション　61

1	非言語コミュニケーションとは	61
2	対人距離と空間	64
3	身体接触	69
4	視線	72
5	周辺言語	73
6	時間の概念	78
7	シンクロニー(同調動作)	79

5章　対人コミュニケーション　　　　　　　　　83

1　対人コミュニケーションとは　　　　　　　　　　83

2　対人コミュニケーションと欲求　　　　　　　　　85

3　対人関係発展とコミュニケーション　　　　　　　87
　3-1　対人関係発展の理論　　　　　　　　　　　87
　3-2　対人関係の問題解決　　　　　　　　　　　91

4　対人コミュニケーション能力の育成　　　　　　　93
　4-1　わかりやすく話す　　　　　　　　　　　　94
　4-2　自己モニタリング能力—コミュニケーションを意識化する　95
　4-3　クリティカルな視点—自分自身を問い直す　98
　4-4　確認するということ　　　　　　　　　　　99
　4-5　修正、調整能力　　　　　　　　　　　　　100
　4-6　柔軟性—予測できない時の対処　　　　　101
　4-7　多様な解釈をする　　　　　　　　　　　　103
　4-8　エポケー　判断を留保する　　　　　　　　104
　4-9　傾聴　　　　　　　　　　　　　　　　　　106
　4-10　マインドフルな聴きかた　　　　　　　　108

6章　スモールグループコミュニケーション　　　113

1　グループコミュニケーションの特徴　　　　　　　114

2　グループの発達段階　　　　　　　　　　　　　　115
　2-1　始まりの段階　　　　　　　　　　　　　　116
　2-2　衝突の段階　　　　　　　　　　　　　　　118
　2-3　歩み寄りの段階　　　　　　　　　　　　　119
　2-4　強化の段階　　　　　　　　　　　　　　　120

3　グループでのコミュニケーション　　　　　　　　121
　3-1　防御的なコミュニケーション　　　　　　　121
　3-2　聴き方とフィードバック　　　　　　　　　124

4　グループワークでのスキル　　　　　　　　　　　126
　4-1　アジェンダのあるミーティング　　　　　　126
　4-2　グループでの役割：リーダー、リーダーシップとファシリテーター　128

4-3	ブレーンストーミング	131
5	グループでの問題点	133
6	グループワークの進め方と自己評価	134
6-1	グループの段階による活動例	135
6-2	グループワークの自己評価項目	136

7章　支援のコミュニケーション　　139

1	支援のコミュニケーションとは	139
2	相談場面におけるコミュニケーション	140
2-1	傾聴的態度と非言語コミュニケーション	141
2-2	共感とコミュニケーション	142
2-3	相談場面の言語コミュニケーション	143
2-4	年少者の相談場面	146
3	ファシリテーターのコミュニケーション	147
3-1	ファシリテーターとは何か	147
3-2	ファシリテーターに必要な心構えとは	148
3-3	ファシリテーターに必要なコミュニケーション能力とは	149
3-3-1	広い視野と柔軟性	149
3-3-2	評価を下さない	150
3-3-3	メンバーの力を引き出す	151
3-3-4	状況への感受性	152
3-3-5	対話の促進	152
3-3-6	プロセスの共有	153
3-3-7	内省を促す	154
3-3-8	関係調整能力	155
4	コーディネーターのコミュニケーション	156
4-1	コーディネーターとは何か	156
4-2	コーディネーターに必要なコミュニケーション能力とは	157
4-2-1	当事者と観察者の視点	158
4-2-2	総合的な視点と分析的な視点	159
4-2-3	目的達成と人間関係構築の視点	160
4-2-4	マクロなレベルとミクロなレベルの視点	161
4-2-5	問題解決のコミュニケーション	162

参考文献	171
あとがき	179
索引	181

序章

1　コミュニケーションとは何か

　朝起きてから夜寝るまで、あなたはどんなコミュニケーションをしましたか。あいさつをする。コンビニの店員とやりとりする。横断歩道を渡る時にドライバーとアイコンタクトする。メールでやりとりする…。平凡な一日の中でも、様々なコミュニケーションをしていることに気づくでしょう。

　コミュニケーションとは何でしょうか。"One cannot not communicate."「人はコミュニケーションせざるをえない」―人間は行動する者である以上我々は何らかのメッセージを常に発しています (Watzlawick, P., Beaven J.H., Jackson, D.D. , 1967)。Communication とは、もともとラテン語で communis、つまり「共有される」という言葉が由来している、と言われています。つまり、コミュニケーションとは、他者との関わりの中で、共有するという行為があってはじめて成り立つといえるでしょう。また、中国語では、コミュニケーションは「交流」と言います。この言葉もコミュニケーションの本質そのものを意味していると言ってよいでしょう。コミュニケーションは、本来、他者と意味を共有し、双方向に影響を及ぼし合っていくものなのです。

　コミュニケーションは、言葉を用いる言語コミュニケーションだけではなく、非言語コミュニケーションも含みます。非言語コミュニケーションは、4章で詳しく述べますが、言葉を用いないコミュニケーション ― 例えば、ジェスチャー、対人距離、姿勢、アイコンタクト、色、服装、空間、時間などを含みます。一説によれば、非言語コミュニケーションは 80%から 90%にも上ると言われています。

　では、コミュニケーションはどのように定義されるでしょうか。コミュニ

ケーション学者のダンスとラーソン(1976)は、126 ものコミュニケーションの定義が存在することを報告しています。コミュニケーションとは—「人間が情報、意見、態度を人から人へと伝えるものである」「言葉、表現されたもの、意図的なメッセージを指しているのではない。コミュニケーションの概念は人々が影響する、これらすべての過程を含むものである」「シンボルとメッセージシステムによる社会的な相互作用である」等、彼らが挙げた定義は哲学、社会学、人類学、自然科学など多岐分野に渡ります(Miller, 2002)。コミュニケーションはそれほど人間社会にとって必要なものです。相互依存が不可欠である我々の生活において、コミュニケーションを理解するということはお互いを理解するということにもつながるでしょう。

様々な研究からコミュニケーションの概念について以下のようにまとめることができます。

コミュニケーションとは：
（1）プロセスである　（2）伝達されるものである　（3）シンボルを介し行われる　（4）無意識・意識の両レベルで成立する

コミュニケーションは、人々の共同作業でシンボルを介して伝達されるものです。また、コミュニケーションとは常に変化していくものであり、「さっき言ったこと」を完全に取り消し元に戻すということはできません。お互いの共通事項を作り上げていくことにより、このシンボルを使用しての相互理解は深まるといえます。

2　コミュニケーションモデルの変遷

では、コミュニケーションは、これまでどのようにモデル化されてきたでしょうか。コミュニケーションモデルはこれまで様々な研究者によってモデル化され、変遷してきています。

まず、シャノンとウィーバーは、通信工学システムを基本としている、発信者から受信者へのメッセージの伝達という機械論的モデルを提案しまし

た。それによれば、次のような直線型モデルになります。情報が送信体によりシグナル化され、「見る」「聞く」「触る」などの何らかのチャンネルにより伝えられ受信体に届き、そこから再びシグナル化され目的地に届くというものです。ノイズとはメッセージの伝達を妨害するもの、例えば、暗さ、騒音、その他すべての妨害物を指します。

情報源→送信体→チャンネル→受信体→目的地

　　　　　　　ノイズ

　しかし、このモデルは情報が一方向にしか進まないというモデルであり、双方向的な視点に欠けています。
　これに対して、シュラムは、このモデルを変形させ、円環型のモデルを提案しました。コミュニケーションは一方向ではなく、双方向であるということを示したのです。例えばAからBにメッセージが一方向的に伝達されるのではなく、BからAに循環しながら双方向に伝え合うということをモデル化したのです。
　また、バーロは、シュラムのモデルに対して、S(Source), M(Message), C(Channel), R(Receiver)のそれぞれの要素を付け加えたSMCRモデルを提示しています。
　また、ダンスは、コミュニケーションの不可逆性という観点から、2次元のモデルではなく、3次元の螺旋型モデルを提示しています。
　更に、これまでつくられてきたモデルが、線形型であり、ゴールを達成するための理想的なコミュニケーターを想定してつくられてきたものである、とグリーンは異議を唱えています。
　このように、コミュニケーションのモデルは、一方向的なモデルから双方向的へ、循環型から、不可逆的な螺旋モデルへ、線形型から非線形へと変化してきています。理想的、単純なモデルから、実際のコミュニケーションそ

のものを表す複雑なモデルへと変化してきているといってよいでしょう。

　実際の私たちの営むコミュニケーションは、双方向であり、かつ不可逆的な複雑なものといってよいでしょう。

3　コミュニケーションの種類と枠組み

　では、コミュニケーションにはどのような種類があるのでしょうか。一言でコミュニケーションと言っても、対人レベルのコミュニケーション、組織のレベルのコミュニケーション等、実に多岐にわたっています。表をごらんください。

　まず、自己内で行う自己内(あるいは個人内)コミュニケーションがあります。コミュニケーションと言えば他者に向かって発話することだけを考えがちですが、それだけではなく、自分自身の中で発話を内省したりするのもコミュニケーションなのです。例えば、学習者が、授業の後で「あのときはこのように言えば良かったかな。」等と授業について自分自身の中でふり返るようなとき、その学習者は、自分なりに個人内コミュニケーションを行っているといえるでしょう。

　次に、他者とのやりとりである対人コミュニケーションが挙げられます。対人コミュニケーションというとき、一般には、1対1のコミュニケーションを指します。1対1のコミュニケーションは小集団コミュニケーションや組織コミュニケーションの基本ともなるものです。具体的には、話し方、聴き方や、スピーチ、説得等も入ります。例えば、教師が学習者から相談を受ける場面でのコミュニケーションも、対人コミュニケーションの場であるといえるでしょう。

	スキル・方法	価値観・拠り所	行動	融和	交渉	解決	敵対・課題
自己内コミュニケーション		アイデンティティ、価値観	モノローグ		納得	自己肯定	自己否定
対人コミュニケーション	話し方・聴き方、非言語コミュニケーション		自己開示、スピーチ	異文化コミュニケーション	説得		
小集団コミュニケーション	ファシリテート、支援のスキル						
組織コミュニケーション			ファシリテーター支援のコミュニケーションネットワーク		ネゴシエーション	コンフリクトリゾルーション	コンフリクト
国際コミュニケーション					国際交渉		国際紛争

表　コミュニケーション領域のマトリックス

　小集団コミュニケーションは、3人以上からだいたい12、3人ぐらいまでのコミュニケーションといわれています。グループコミュニケーションでは、そのグループでリーダーシップを取っていく役割の人も必要になります。どのようなリーダーシップをとっていくのかもグループコミュニケーションの領域に入ります。個人よりもグループの方がよりよい決断をするという現象とかえって愚考を生み出す現象というグループならではのグループ・ダイナミックスがあり、その研究もグループコミュニケーションの研究では重要な分野です。また、グループの活動を側面から支援していくファシリテーターの役割も重要になります。日本語教育の場面でも、例えばボランティアのミーティングや、学習者のグループ活動を側面からどのように支援していくか等、グループコミュニケーションに関連した活動が多くあります。

　組織コミュニケーションは、よりマクロなレベルでのコミュニケーションです。組織間のコミュニケーションでは、例えば交渉等のコミュニケーションも含まれます。組織間のコミュニケーションはいつも平和に行われている場合ばかりとは限らず、コンフリクトが起きる場合もあります。このような

場合には、問題解決のためのコミュニケーション(コンフリクトリゾリューション)が必要になってきます。また、組織コミュニケーションにおいては、リーダーシップも大きな役割を果たします。日本語教育の場面では、教えている場面そのものは組織コミュニケーションよりもよりミクロなレベルですが、例えばボランティア組織や、行政の政策や地域でのネットワーキング等は、よりマクロレベルの組織コミュニケーションに入るといえるでしょう。

　組織コミュニケーションよりもよりマクロなレベルのコミュニケーションとしては、国際コミュニケーションが挙げられます。これは、例えば国際会議等、国レベルでのコミュニケーションです。新聞等でもよく報道されているような国レベルのコミュニケーションは、平和的に問題解決する可能性もありますが、ひとたび誤解や摩擦が生じれば戦争という悲惨な結果を招くこともあります。しかし、この問題の多くは、もとをただせば、コミュニケーションの問題に原因があるのではないかと思います。日本語教育の現場そのものは、一見、国際コミュニケーションの現場とは直接は関わりないように思えます。しかし、間接的にせよ、日本語教育の現場の多くは、この国際コミュニケーションでの決定に影響を受けているといえるのです。日本語教育の現場は、国際コミュニケーションの現場とも間接的にせよ、深い関わりをもっているのです。

　このように考えると、日本語教育の現場は、様々なコミュニケーションのレベルと、直接、間接的に深い関わりを持っているということができます。どのレベルもそれぞれの意味で大切ですが、本書では、このすべてのレベルを扱うのではなく、特に日本語教育の現場と特に関わりの深い対人コミュニケーション、小集団コミュニケーションの領域を中心に扱います。

4　本書で扱うテーマについて

　本書では、対人コミュニケーション、小集団コミュニケーションの領域を中心に、特に日本語教育の現場とも関わりの深いテーマである「自己開示」

「アイデンティティ」「価値観」「非言語」とコミュニケーションの関わりについてそれぞれ触れ、次いで「対人コミュニケーション」「小集団コミュニケーション」「支援のコミュニケーション」について扱っていきます。

　1章では、自己開示とコミュニケーションの関わりについて扱います。他者と出会うとき、どのように自己を出していくのか、ということとコミュニケーションとは深い関わりがあります。自己開示とコミュニケーションとの関わりを意識化していくことから始めます。

　2章では、アイデンティティとコミュニケーションの関わりについて扱います。アイデンティティとは、自分らしさ、自分が自分自身であること、という意味で一般に使われていますが、コミュニケーションとも深い関わりを持っています。本書では、多文化共生社会においてアイデンティティをどのように捉えていったらよいかという視点も含め、アイデンティティとコミュニケーションの関わりについて考えます。

　3章では、価値観とコミュニケーションについて扱います。価値観は、目に見えず、抽象的なものですが、深く根付いていて簡単には変えられないものです。それだけに、目に見えない形で誤解や摩擦が起きる原因となりやすいのです。本書では、これまでの価値観の理論を紹介し、コミュニケーションとの関わりを考えていきます。

　4章では、非言語とコミュニケーションの関わりについて扱います。非言語は、コミュニケーションにおいて占める割合はかなり多いとされていますが、ふだんはあまり意識化されない傾向があります。ここでは、特に日本語教育との関わりに深い領域を中心に、対人距離、空間、身体接触、視線、パラ言語等を扱い、意識化していくことを目的とします。

　5章では、対人コミュニケーションについて扱います。対人関係に悩んでいる人が多いということをよく聞きますが、日本語教育の場面でも学習者同士や教師グループの対人関係で悩んでいるケースも少なくないのではないかと思います。特に対人関係構築を焦点に当て、自分自身の対人関係の構築を意識化し、問題解決にはどのような視点が必要かについて探ります。また、

対人コミュニケーション能力についても扱います。

　6章では、グループコミュニケーションについて扱います。日本語教育の場面でも、学習者のグループ活動やミーティング等、グループコミュニケーションに関わる活動は多く見られます。しかしそれだけにグループ活動をどのように運営したらよいかという悩みも聞かれます。ここではグループコミュニケーションの特徴や発達、参加の仕方について紹介し、グループコミュニケーションにどのように参加したらよいかについて述べていきます。

　7章では、支援のコミュニケーションについて扱います。日本語教育の現場でも「支援」という言葉をよく聞きます。ここでは相談場面に必要なコミュニケーション能力や、活動を側面からサポートしていくファシリテーターに必要な能力や、コーディネイターに必要な視点など、支援に必要なコミュニケーション能力について触れていきます。

　毎日の生活において私達は意識することなくコミュニケーションを行っていますが、コミュニケーションは教育場面に限らず私たちの日々の営みの中核となるものです。相手や自分を理解するためには、理論に基づいた実用性のあるコミュニケーション論を学ぶと同時に自分自身も含めてコミュニケーションそのものについて意識化していく必要があるでしょう。

　これらの章を通じて、日々無意識なコミュニケーションを意識化し、どのようにコミュニケーションをすれば理解し合うことができるかを考えていきましょう。

1章　自己開示とコミュニケーション
どこまで自分のことを話すの？

（キーワード：自己、ジョハリの窓、開かれた質問、閉ざされた質問、初対面）

1　自己開示とは何か

> 春子：今度、吹奏楽部に入部した木下さん、何かとっつきにくいよね。
> 秋子：うーん、一緒にお茶飲みに行って話はするんだけど、何か壁があるっていうか…
> 春子：なんか私のこと話したら聞いてはくれるんだけど、自分のことは聞かないと言わないのよね。

　新学期や新しい環境でこのような会話に聞き覚えはないでしょうか。何か相手との距離を感じて、仲良くなれない。また、逆に相手が自分のことばかり話し、「ちょっと待って。そんな私的なことを言われても…知り合ってまだ間もないのに。」と、それほど友達ほどに思ってない人が土足で自分の心の中に踏み込んでくるような違和感を感じたことはありませんか。
　私たちは相手との関係によって様々な自分を相手に見せたり、また、隠したりしています。例えば、初対面の人に対しては自分の良い部分のみを見せようと意識します。逆に、長年付き合いのある無二の親友には他の人には言

えないような失敗や悩みをさらけだし「素」の自分を見せることに抵抗をあまり感じません。

　自己開示(self-disclosure)とは自分自身の態度、意見、パーソナリティー等の自分自身の情報を意図的に他者に対して示していくことをいいます。心理学者のジュラードらにより重要な他者に対する自己開示が健康な精神生活に必要であることから研究が始められた領域です。対人関係において、適切なタイミングで適切な自己開示をすれば相手との関係を円滑に保つことができます。自己開示の行う要因として相手との関係性や状況の要因等、様々な要因が考えられますが、自分の自己開示は相手の自己開示によって促されることが大きいといわれています。この相手の自己開示の程度に相応するような自己開示をしようとする傾向を自己開示の相互性といいます(植村・松本・藤井、2000)。

　自己開示には相手との関係により発達の段階があります。自己開示は挨拶や世間話程度の第一段階からはじまり、共通の知り合いに関する話題、軽い関心事を話す第二段階、自分の意見や考えを言う第三段階、そして、感情を伝える第四段階へと発達していくとしています。相手との関係を見ながら開示の段階を順序良く踏まないと相手から誤解されたり、また、相手から自己開示を強制されているように感じて傷ついたりもします。このように相互の信頼関係と同程度の自己開示がなされないと相手に不信感を抱くことになります(安藤、1994、深田、1998)。

　ここで、日常会話のなかでどのような話題が比較的開示率が低く、また逆に、高いのでしょうか。

　次の例で考えてみましょう。あなたは、日常会話では、次のトピックのうち、どのトピックで自分のことをよく話しますか。話すものについてチェックしてみてください。

□ 家族	□ 住んでいる場所
□ 好きな俳優	□ 政治的なことがらに関する自分の意見
□ 収入	□ 趣味
□ 食べ物の好み	□ 体重
□ 秘密	□ 自分の失敗経験
□ 血液型	□ 音楽の好み
□ 共通の友達	□ 授業

　さて、あなたはいくつチェックしましたか。もちろん、相手によって、あるいはどんな状況かによっても違ってきますね。

　ここで、現代の生活には不可欠となっているインターネットにも目を向けてみましょう。最近では携帯依存症ということばがあるほど頻繁にメールのやりとりをおこなったり、ブログやホームページのように自分の日記や情報について公開しています。絵文字で感情を表現したりと、自己開示の高いコミュニケーションを取ることができるのではないかとも考えられがちです。しかし、ともすれば、インターネット上では自分の考える自己を選んで提示しがちになる場合もあります。

　人にはなかなか言えないような自分についての深い情報を提示しているように思える一方で、自分自身で発信する情報を選び自己の印象を作り上げているとも言えます。ある意味では、他人が自分に対する印象を持つ前に、すべて自分の方で自己像を作り上げてしまうことが可能です。便利である一方で、対面式のように段階を踏まなくてもよいという、言い換えれば、相手の反応を考えることなく、自己開示を進めていくことになる可能性があります。

　相手との相互性を考えながら自己開示を進めていく、また、相手のフィードバックを得ながら自己像を修正していくという作業は重要といえるでしょう。

2 ジョハリの窓：自己開示を窓であらわすと

　前節では、自己開示についての説明をしました。ところで、私たちが「自己開示する」時の自己とはいったい何でしょうか。「自己紹介」「自己開示」等私たちは「自己」という言葉をよく使いますが、「では自己とは何ですか」と問われると、意外に戸惑いを感じる人も少なくないのではないでしょうか。ラフトとインガムは、自己開示を窓の形で示しました。これを2人の名前を合わせて「ジョハリの窓」と名づけています。

	自分は知っている	自分は知らない
他人に知られている	①開かれた領域	③目隠しされた領域
他人に知られていない	②閉ざされた領域	④未知の領域

　　　　図1　ジョハリの窓（バーンランド 1979,37 ページをもとに作成）

　ラフトとインガムは、自己を①「自分自身も他人も知っている自己」②「自分自身は知っているが、他人は知らない自己」③「自分自身は知らないが、他人は知っている自己」④「自分自身も他人も知らない自己」の4つに分けました。
　例えば、あなたは「陽気な人」と自分自身のことを捉え、他の人の目にもそのようにうつっていたとしましょう①。ところが、あなた自身にとっての自己は①だけではなく、実はあなた自身にはとても臆病なところがあり、人

前ではその部分を意識的に隠している部分もあるのかもしれません②。また、例えば「あなたは陽気な人だけれど、とても静かなところもあるのね」と言われてはっとしたことがあるように、他人によって初めて気づかされた自分自身の部分があるかもしれません③。また、あなた自身も他者にも気づかれていない未知のあなた自身の部分があるかもしれません④。

　このように、「自己」と言っても、実はとても複雑なものなのです。このジョハリの窓で、①の窓が大きい場合には自己開示が大きいことになります。自己開示は、人によって、あるいは時と場合によって大きさが異なりますが、相手に自分と同じ大きさを期待してしまうと、コミュニケーションギャップがおきてしまう場合があります。

　次の会話例1をみてみましょう。

会話例1
太郎：昨日出された宿題やってきた？
花子：昨日の夜、出された宿題やろうと思ってね、パソコンに向かったんだけど、ちょうど面白い映画が始まってみてしまったの。わくわくしっぱなしで、面白かったのよ。太郎くんはみたことある？
太郎：…………
花子：（しゃべり続ける）弟も一緒にみてたけど、弟はつまらないって。よさがわからないのかなあ。すっかり宿題があったこと忘れちゃった。

　さて、あなたはこの会話を見てどう思うでしょう。太郎くんと花子さん、お互いに会話に満足していたでしょうか。お互いに何を考えていたのでしょうか。

　ちょっと二人のつぶやきを聞いてみましょう。

会話例1

太郎：昨日出された宿題やってきた？
（太郎：宿題やってきたかどうか答えてもらいたいな）
花子：昨日の夜、出された宿題やろうと思ってね、パソコンに向かったんだけど、ちょうど面白い映画が始まってみてしまったの。わくわくしっぱなしで、面白かったのよ。太郎くんはみたことある？
（花子：面白い映画の話をしているので興味もってもらいたいな。太郎くんは映画みたのかな。映画の話もっと続けたいな）
太郎：…………
（太郎：宿題やったかどうか聞いているのに……。自分でみた映画の話ばかりして、答えてくれないんだから）
（花子：太郎くん映画のこと興味ないのかなあ。せっかく面白い話をしてるのに）
花子：（しゃべり続ける）弟も一緒にみてたけど、弟はつまらないって。よさがわからないのかなあ。すっかり宿題があったこと忘れちゃった。
（太郎：もう自分のことばかり話して。弟のこととか宿題には関係ないのに…）

　太郎は、宿題をしたかどうかだけに答えてもらいたかったのですが、花子が映画や弟のことなど、自分に関わることをたくさん話しているため、ストレスがたまってしまったのです。一方、花子は、太郎が自分の話に興味を示してくれないのを、物足りなく、不満に思っています。
　つまり花子と太郎の自己開示の大きさが違うためにギャップがおきてしまったのです。
　この図によれば、太郎は自己開示が小さくあまり自分のことを話したがりませんが、花子は自己開示が大きく、自分のことを話したがります。花子

と太郎は自分と同じ自己開示の大きさを相手に期待してしまったために、ギャップがおきてしまったのです。

　もちろん、コミュニケーションをしている者同士の自己開示の大きさが違うからといって、いつでもギャップがおきるとは限りません。例えば、自己開示の小さい人が自己開示の大きい人の話を聞くというケースもあるでしょう。また、一人の人でも、相手や場面、心理状態によって自己開示の大きさが変わったりします。また、自己開示の大きさは話をしていて双方向に影響を及ぼしあう場合もあるでしょう。

　例えば、あなたは初対面の相手と話すときと、10年以上つきあっている友人と自分のことについて話すときとでは、話の内容はどう違うでしょうか？場合にもよるかもしれませんが、10年以上つきあっている友人と話すときの方が自己開示が大きいのではないかと思います。

　また、本人は自己開示をあまり大きくしているつもりでも、相手はそう捉えていない場合がありますし、その逆もあります。あるトピックを話したからといって自己開示が大きいかどうかは人によって捉え方が異なる場合もあるのです。このような場合もギャップがおきてしまうでしょう。

　では、コミュニケーションする上ではどのようなことが大切なのでしょうか。

　大切なのは、次のように「自己開示」についての気づきを高めることではないかといえます。

①　自己開示の大きさは人それぞれ異なる
②　相手と自分の自己開示は必ずしも同じとは限らない
③　自己開示の大きさは場面によっても異なる
④　自己開示の大きさは双方向に影響を及ぼし合う場合がある

3　自己開示とコミュニケーション

　では、ここでは、自己開示の特に影響する幾つかの場面を例に、自己開示がコミュニケーションに与える影響についてみていきましょう。

3-1　初対面の場面

　まず、初対面の場面は、自己開示が大きく影響します。人それぞれ自己開示の大きさは違いますし、また国によっては初対面のトピックにはふさわしくないトピックもあります。異なるバックグランドを持つ学生を対象に授業をしていると、つい、興味本位で相手にいろいろなことを聞き過ぎてしまう場合もあります。

　次の会話例をみてみましょう。次の会話を読んで、どこかぎくしゃくしているところはあるでしょうか。また、それはなぜでしょうか。考えてみましょう。

花村先生：みなさん、こんにちは。今日からこの授業を担当する花村です。どうぞよろしくお願いします。

学　　生：よろしくお願いします。

花村先生：では、まず皆さんひとりひとりに自己紹介してもらいましょうか。では、リュウさん。

リュウ　：はい、リュウです。中国からきました。

花村先生：あ、そうなの。中国のどこから？

リュウ　：上海です。

花村先生：そう。ここに来るまで上海では何をしていたの？

リュウ　：旅行会社につとめていました。

花村先生：そう。どんなところにいったのですか。

リュウ　：いろいろなところです。

花村先生：具体的に場所をいってくれますか。

リュウ　：‥‥‥‥‥‥

花村先生は、はりきって授業を始め、学生たちに自己紹介をしてもらおうとしています。旅行好きの花村先生は、これまで世界各地を旅行していて、様々な観光地に興味を持っています。リュウさんが旅行会社につとめていたことを知り、思わず自分自身の興味から、どのような場所にいったのか質問しています。しかし、リュウさんは、あまりにも続けざまに質問をしてくるので、戸惑っています。花村先生は、「相手が話したいこと」かどうかを考える前に、「自分自身の興味」から、観光地の具体的な場所までたずねてしまったのです。

相手に興味や関心をもつことは大切ですが、あまりにも興味をもちすぎて相手の領域に踏み込みすぎてはいないかどうか心にとめておく必要があるでしょう。

3-2　相談場面

相談場面も自己開示が大きく影響をする場面です。もしあなたが誰かに相談するとしたら、どんなふうに応答してもらうと相談しやすいでしょうか。

次の例をみてみましょう。A先生とB先生どちらがあなたは相談しやすいですか。

A先生の場合
A先生：今日は何の相談なの。心配事でもあるの。
花　子：はい。
A先生：何の心配なの。
花　子：今度の発表会、うまくできるかどうかとても心配なのですが。
A先生：大丈夫よ、できるできる。花子さんだったら大丈夫よ。

```
B先生の場合
B先生：今日はどうしたの。
花　子：今度の発表会、うまくできるかどうかとても心配なのですが。
A先生：そう。心配なの。
花　子：はい。実は練習時間があまり多くなかったので、うまくできる
　　　　かどうかとても心配なのです。
```

　さて、あなただったらどちらの先生に相談したいでしょうか。また、それはなぜでしょうか。

　この2つの会話を比べて考えてみましょう。

　A先生は、まず、「何の相談なの。心配事でもあるの。」と問いかけています。相談を受ける立場の人がよく言うセリフですが、この発話は、「相手は心配事がある」と決めて相手に問いかけています。しかし、実は、もしかしたら相手は心配ごとではないことで来たのかもしれません。また、花子は、とても不安で、まず自分の気持ちを受けとめてもらいたいのですが、A先生の場合、次のセリフで花子の気持ちを受けとめる前に、相手を励まそうとしています。

　相手を励ますことは大切ですが、この場合、花子はまず自分の気持ちを受けとめてもらいたかったのです。先生が受けとめてくれなかったので、花子は相手に対してそれ以上自己開示を大きくするのをやめ、相談にのってもらうのをあきらめてしまいます。また、A先生の問い方は「何の心配」「何の相談」という問い方ですが、このような問い方は、どちらかといえば相談というよりも尋問調で、相談する側には調べられているような印象を与えてしまいます。

　一方、B先生は、「今日はどうしたの」と相手に問いかけています。この問いは、「相手が心配事があるのかどうか」相手の状態についてあらかじめ決めつけない問い方です。このように問われた方が自由に話を始めることが

できるでしょう。また、花子が「発表会ができるかどうか心配」と述べたことに対して、「心配なの」と、心配な気持ちをまず受けとめています。花子はその後で具体的な状況を話しています。

　相談場面では、相手の気持ちをまず受けとめ、相手の自己開示がある程度大きくなるような工夫をしていかないと、相手が心を開いてくれません。相手を励ますことも大切ですが、相手の自己開示の大きさを意識していくことも大切でしょう。もちろん、相手はケースバイケースで自己開示の大きさも様々です。

　B先生が「どうしたの」という発話をしましたが、このように「はい」「いいえ」では答えられない質問を「開かれた質問」(Open Question)と言います。一方、A先生が「心配事でもあるの」という発話をしましたが、このように「はい」「いいえ」で答えられる質問を「閉ざされた質問」(Closed Question)と言います。相談場面では、開かれた質問の方が心を開きやすい場合が多いのではないでしょうか。しかし、かといって開かれた質問ばかりで会話をすすめるとまとまりのないものになってしまいます。相談の会話の中で開かれた質問と閉ざされた質問をどのように使い分けていくかを見極めていくことが大切でしょう。なお、相談場面のコミュニケーションについては、7章「支援のコミュニケーション」で詳しく扱います。

実践してみよう

　1　クラスで自己紹介ゲームをしてみましょう。まだ話したことのない人とペアになり、お互いに自己紹介をしてみましょう。
　その後、どのようなトピックを話したか紙に書き出し、共有してみましょう。さらに、次の点を話し合ってみましょう。
　1）相手によって、これらのトピックがどのように変わりますか？
　2）これらのトピックはどのような文化でも初対面の時に話題になるのでしょうか。調べてみましょう。）

2　自己開示と空間について
　空間の位置は自己開示に影響するでしょうか。教室で、どのような配置にすれば相手に相談しやすいか机と椅子をならべて試してみましょう。次のような点に注意して椅子、机を並べてみてください。
　1）　机の有無
　2）　椅子の位置や角度
　3）　相手との距離
　4）　部屋の明るさ

3　次のロールプレイをしてください。
　ロールプレイの後、次の点をふりかえってください。
　1）　先生役は、開かれた質問をうまく使うことができたか
　2）　生徒役は、自分自身の自己開示は相手（先生役）のコミュニケーションにどのような影響を受けたか

生徒役　あなたは、来週テストがあり大変不安に思っています。今日は先生のところに相談にいきます。

先生役　あなたは教師です。担当の学生が相談にきます。できるだけ開かれた質問を使いながら相談にのってください。

4　自分自身の言語行動をふりかえってみよう
　あなた自身のコミュニケーションで自己開示が大きいとき、小さいときはどんな場面でしょうか。ふりかえってみてください。
　1）　日常会話
　2）　携帯でのコミュニケーション

3） インターネットでのコミュニケーション

5 メディアのコミュニケーションから
テレビやラジオ等の相談番組や対談番組を見て(聞いて)みましょう。相談役がどのようなコミュニケーションで相手の自己開示が大きくなるような工夫をしているのか観察してみましょう。

6 次の文は、はじめてのクラスでの鈴木さんの自己紹介です。あなたはこの文を読んで、自己開示の大きさを(非常に大きい、大きい、ふつう、小さい、非常に小さい)のどの程度だと思いますか。他の人とも話し合ってみましょう。
　あなたがとらえるAさんの自己開示の大きさは他の人と同じでしたか。異なった場合、どんな点が自己開示の大きさの捉え方の違いとなっていますか。

こんにちは。私の名前は鈴木花子と申します。蟹座で19歳です。趣味は音楽を聴くことです。得意な科目は英語ですが、苦手な科目は数学です。今アルバイト先をさがしています。だれかいいアルバイトを知っている人がいたら、紹介してください。

2章　アイデンティティとコミュニケーション
自分とはいったい何者？

(キーワード：カルチュラルスタディーズ、主体的選択、相互行為分析、多面的理解、マルチカルチュラルパーソン)

1　アイデンティティとは何か

> 私は、生まれも育ちも姫山市です。姫山高校出身です。小さいときからスキーをしていました。音楽も好きです。身体は小さくて見かけはおとなしいですが、実は活発です。将来はアナウンサーになりたいです。どうぞよろしく。

　新学期のあるクラスでの由美子さんの自己紹介です。さて、この自己紹介を見て、あなたはこの人はどんな特徴を持っていると思いましたか？気づいたことを書き出してみましょう。「姫山高校出身」のような所属で示された特徴や、スキーや音楽が好きという好みを示す特徴、「身体が小さい」という身体的特徴を示す特徴、「活発」と性格を示す特徴や将来の「なりたい自分」が挙げられますね。由美子さんはこのような「自分自身」をこの場で紹介しています。

　「私とはいったい何か」と考えるとき、アイデンティティと切り離すことはできません。他の人とつきあうとき、あるいは新しい場所に住み始めたと

きなど、「私は何者だろう」と自分と向き合わざるを得ない経験をした人は多いでしょう。

　アイデンティティは、一般には自分らしさや、自分が自分自身であること、という意味で使われています。アイデンティティの存在は、自分一人でいる時よりむしろ、他者との接触や交流によってより意識化されていくことが多いといえるでしょう。しかし、自分自身を捉えることほど困難なものはないのです。

　アイデンティティについては、これまで社会学や人類学、心理学等様々な分野で研究されてきています。マクロな集団レベルの接触のみならず、ミクロな個人レベルの接触でもアイデンティティの存在は切っても切り離せないといえるでしょう。アイデンティティは様々な領域で研究されてきていますが、ここでは特にコミュニケーションや日本語教育との関わりの深い領域にしぼってアイデンティティについて述べていきたいと思います。

2　アイデンティティの研究

2-1　アイデンティティの研究の流れ

　アイデンティティの捉え方も研究者によって様々ですが、これまでのアイデンティティの捉え方自体も変遷してきています。

　これまでのアイデンティティの捉え方を整理すると、啓蒙主義の時代には「アイデンティティは自己の核であり生まれてからずっと一生涯継続しているもの」であるとされてきました。つまりアイデンティティとは「自分自身の出身地や民族、所属等、環境の変化に依存しない固有の固定的なもの」とされてきたのです。

　これに対して、その後、象徴的（シンボリック）相互作用論等の社会学の立場では、（象徴的相互作用論の立場は、人はシンボルに囲まれた思い込みの世界に住んでいるという考えに基づいています）、アイデンティティは社会と自己との相互作用の中で構築される、と考えています。この捉え方の場

合、アイデンティティは固定的ではなく、相互作用の中で構築されていくものであるとしている点でこれまでの捉え方と大きく異なっています。しかし、この捉え方は「構築されるアイデンティティは1つである」ということが前提になっています。

　しかし、人々が移動し、社会が多様化し複雑化していく中で、このような統一し、安定したアイデンティティで捉えきることが難しくなってきました。カルチュラルスタディーズの立場から、ホール (Hall, S., 1992) は、グローバル化する世界では、統一的、安定的なアイデンティティはファンタジーにすぎないと言い切っています。そして、「人々の折衝の空間」を「文化」として捉えた上で、「主体は、様々な意味が飛び交っている場で状況に応じてその都度異なったアイデンティティを選びうる」としています。つまり主体が持っているアイデンティティは1つではなく、矛盾する複数のアイデンティティを持っており、その中からその都度選択していくとしているのです。ホールによれば「アイデンティティは統一的、安定的ではなく、流動的」なものなのです。ホールは、国家や民族への帰属から安定したアイデンティティが生まれるのではなく、また、場所や時間、歴史等を超えて固定的に存在しているのでもないとしたのです。そして、「私は何者か」という個人の属性を示す静的な捉え方ではなく、「私は何者になっていくのか」と流動的に捉えていくことの必要性を主張しているのです。そして、自分自身のアイデンティティがどこに準拠しながら他者に提示するかは、あらかじめ決められているのではなく、個人の主体的な選択として捉えたのです。

　現在、国内でも多文化化がすすみ、日本語教育の現場だけではなく、多様な背景を持った学習者が増加しています。成人や留学生ばかりではなく、年少者や定住外国人の数も増加するなど年齢、立場等にも多様性が見られます。それぞれ、おかれている立場も多様であり環境との相互作用の中で様々な葛藤に直面するケースも見られるケースもあります。

　多文化共生社会に向けて、アイデンティティを捉えるには、アイデンティティをホールの主張するように、単一ではなく複雑かつ重層的なものであ

り、その都度主体的に選択していくものとして捉えていくことが必要となってくるのではないでしょうか。

2-2 国内の研究者によるアイデンティティの研究

　こうした多様化する学習者を対象としたアイデンティティの研究は、国内の研究者によっても異文化間教育、心理学、文化人類学の分野などでこれまで幾つかなされてきています。ここでは異文化間教育の分野を中心にこれまでのアイデンティティの研究を幾つか紹介します。

　山ノ内(1998)は、教育人類学の立場から、出入国管理法改正を機に日本政府によってカテゴリー化された「日系ブラジル人」という名前を使わず、「ブラジル人」「日本人」と場面により戦略的に使い分けていることをフィールドワークによって明らかにしています。例えば、日本社会を批判したい時は、「ブラジル人」としてのアイデンティティを表し、外国人との差異を強調し、日本人との共通性を強調する時は「日本人」の位置取りをする、というのです。また、渋谷(2002)はカルチュラルスタディーズの立場から帰国子女学級で行ったフィールドワークより、帰国生が、帰国子女学級の中と外でどう異なっているか等に注目して観察し、どのように位置取りをしているのかを明らかにしようとしています。また、関口(2003)は、在日日系ブラジル人の子どもを対象としたアイデンティティ形成に関する調査を行い、日本人の子どもにもアイデンティティ不全の問題が見られることを指摘しています。また、異文化間教育学を専門としている佐藤(2005)は、海外(帰国)児童生徒を対象とした研究をしていますが、海外子女教育がこれまで「国民国家」という枠のもとで展開されてきたが、これまでの「国籍」＝「日本人」＝「国民教育」と言う等式が崩れ、固定した「日本人」という枠のもとで教育を進めることができなくなってきていることを指摘しています。そして、「日本」とは何かと言う再定義が必要であり、そのためにはその枠を相対化することで、「日本人になっていくこと」を主体的に選び取っていける海外子女教育のあり方の構想が必要であることを述べています。

日本語教育の分野でも言語習得との関わりからアイデンティティを捉えた見方があります。例えば細川(2002)は、「ことばと文化の活動によって人間が培われるのは、特定の社会への適応ではなく母語、第二言語あるいは母社会、異社会の別を超えた人間相互関係の創出を支える自己アイデンティティの形成」とし、「総合活動型日本語教育」の授業実践の中で、「わたし」をくぐらせることによって表現していくことの重要さを述べています。

　次節では、コミュニケーションとの関わりから事例を含めながら述べていきます。

3　コミュニケーションとアイデンティティ：相互行為分析との関連から

3-1　相互行為分析の視点

　アイデンティティはコミュニケーションの中でどのように具体的に現れているのでしょうか。会話の相互作用そのものに焦点をあて、アイデンティティと関連性づけた研究に相互行為分析があります。西阪(1997)は、ラジオでの留学生へのインタビュー番組を分析し、「日本人であること」「外国人であること」が相互行為的に達成することを明らかにしています。西阪は、異文化コミュニケーションは一方が仕掛けたものではなく、相手との関係性のなかでできあがっていくものだとしているのです。つまり、「日本人」と「外国人」がコミュニケーションしているから「異文化コミュニケーション」なのではなく、実際の会話の場面で「異文化性」が立ち上がっていくという見方をしているのです。

　会話の中で「日本人である」ことを、西阪は次のように述べています。

　　日本人が会話の中でいつも日本人であるとは限らない。外在的な基準とは無関係である。会話の中で「日本人であること」は相互行為的に達成される。日本人であることを適用するのはいつも適切ではなく、その

日本人が適切な仕方で「日本人である」のは、会話の中でその人の参与している場面がどのように局所的に組織化されるかによる。(西阪 1997)

つまり、相手との具体的なやりとりの中で、「日本人であること」が相互行為的に達成されるというのです。相互行為分析の捉え方はあくまで会話の表面上に着目していますが、アイデンティティという観点からは、相手との関係性に注目し、流動的で動的に捉えるホールのアイデンティティの捉え方と視点が類似しているということができるでしょう。

では、具体的なやりとりをみていきましょう。次の会話を読んでみてください。さて、あなたはこの会話を読んで、AさんBさんはどんな人だと予想しますか。日本人ですか。外国人ですか。社会人ですか。学生ですか。相互行為分析の視点からみてみましょう。

---

01 Ａ：大学生活で一番面白いことは何ですか。
02 Ｂ：そうですね。サークル活動かな。音楽のサークルに入っているのですが、演奏の練習をするのが楽しいです。
03 Ａ：ところで、日本の大学生は寮に入っている人が多いですか。
04 Ｂ：いいえ、あまり多くないと思いますが。
05 Ａ：では家から通っている人が多いのですか。
06 Ｂ：家からの人もいるし、アパートに住んでいる人もいるし。
07 Ａ：あなたはどこに住んでいるのですか
08 Ｂ：私はアパートです。

01ではＡが大学生活で面白いことについてＢに聞き、02でＢが「サークル活動」と答えています。このやりとりから、Ａが学生であるＢに対して聞いていることがわかります。つまり、この会話において、Ｂが「学生である」ことが状況において適切なのです。次に03で「日本の大学生は寮に

入っている人が多いか」ということについてたずねます。ここでは、日本人ではないAが、日本人であるBに聞く、という展開になります。つまり、「日本人」対「非日本人」の対立カテゴリーが浮上するのです。

この場面は、日本人ではないAさんが、日本人であり、学生であるBさんにインタビューをしている、ということが会話のやりとりの中からわかります。Aさんはもともと日本人であるから会話の中で日本人なのではなく、やりとりを通して「日本人である」ということが立ち上がってくるのです。また、Aさんは会話の中でずっと「日本人であり続ける」のではなく、「学生である」ことが立ち上がってくる部分もあります。このように、コミュニケーションに現れるアイデンティティがもともと固定的なのではなく、具体的な相互行為を通して流動的であることがわかります。また、アイデンティティは1つではなく、多様なアイデンティティがあり、その時その時の局面において多様な現れ方をしていることもわかります。

3-2 日本語教育における相互行為分析の研究

日本語教育に関連する相互行為分析の研究はこれまでいくつかなされてきています。

吉川(2001)は、滞日留学生と複数の日本人による会話を分析し「異文化間交流」という現象がどのように成し遂げられているかを記述しています。例えば、自分たちが他の日本人のメンバーといっしょに会場にいるにもかかわらず、複数の日本人が協働的に会場にいる自分たちをその他の日本人、とくに若者たちから分離し「日本人」のカテゴリーに下位分類を設けることで、自分たちとマレー人との距離を近づけようとしていることなどを指摘しています。森本(2001)は、ボランティア日本語教室のボランティアのミーティングを分析することで、カテゴリー化を通して「先生－生徒」の関係がどのように構築されているかを観察し、その中で権力関係が立ち現れてくることを指摘しています。また森下(2003)もボランティアグループのミーティングを対象に分析を行っていますが、その中で「協会職員／ボランティア」の

間の「境界」が観察され、それが地域の日本語支援に関わる人々の協働や能動的参加を妨げていることを指摘しています。また、徳井（2006）は、日米学生の討論を分析し、実際の会話には、属しているカテゴリーとは全く別のカテゴリーの立場から戦略的に発言している「脱カテゴリー化」の現象が観察されたことを指摘し、実際の異文化性の達成は必ずしも属しているカテゴリーの立場からだけではなく、複雑かつ流動的であることを指摘しています。

4　コードスイッチングとアイデンティティ

　コードスイッチング（code switching）とは、2つの言語を混合して使うことですが（東、2000）、コミュニケーションの場面で、どのように言語を使い分けるかについてはアイデンティティとも関わりがあります。特に「自分自身の言いたいことを何語で表現するか」はアイデンティティとも表裏一体とも言えるでしょう。

　コードスイッチングの理由について、東は、「ぴったりする言葉がないから」「相手がわかる（あるいはわからない）言葉で話す」等の例を挙げていますが、その他に、会話戦略の一種として行っているケースも紹介しています。例えば、ケニヤのバスの中での乗客と車掌のやり取りを紹介し、スワヒリ語から英語に次のように切り替える例を紹介しています。

乗客：Nataka change yangu.（おつりが欲しいんですけど）
車掌：Change utapata, Bwana.（おつりはちゃんと渡しますよ、お客さん）
乗客：I am nearing my destination.（もう降りるところに近づいているんですけどね）
車掌：Do you think I could run away with you change?（あなたのおつりを私が持ち逃げするとでも思うんですか？）

（東 2000　54ページより引用）

このやりとりでは、最初は、乗客は車掌にスワヒリ語でおつりをくれるように頼んでいるのですが、車掌がすぐに渡さなかったため、バス停に近づいてきているので、それまでのスワヒリ語から英語に切り替え、「権威の象徴である英語で繰り返すことでおつりを返してもらおうとする自分の権利を再交渉している」(東 2000)のです。このケースは、乗客が英語を戦略的に使うことで「権威ある英語を話すアイデンティティ」を選択しているケースと言えるでしょう。

　また、ナカミズ(2003)は、ブラジル人若年層の会話を分析し、コードスイッチングを引き起こす要因について、言語能力不足だけという従来の見方ではなく、会話促進ストラテジーの手段として使われていることを指摘しています。会話促進ストラテジーとしてのコードスイッチングの具体的な例として、「働きかけ」や、「談話調整」、「話し手の内面表示」を挙げています。例えば「働きかけの内面表示」の例として、会話の中で感嘆詞の部分だけポルトガル語から日本語へのコードスイッチングが行われていたケース等を挙げています。

　これらの例も、会話における言語選択が主体的に行われていることを示しているもので、アイデンティティのあり方とも関連していることを示唆しているのではないかと思います。

5　アイデンティティと発達：年少者とアイデンティティ

　日本語教育の現場では、現在学習者の多様化が進むようになりました。「就学生」「留学生」という枠組みにあてはまる学習者だけではなく、帰国生徒や定住者、児童生徒等、立場、年齢の多様性も見られるようになり、特に年少者も増えてきています。アイデンティティについても葛藤や悩みを抱えている学習者も少なくありません。

　現在国内では、非母語話者の年少者の数が増加しています。これまで多

かった成人学習者と最も異なることとして、子どもの場合、「発達」の側面との関わりを含めて捉えていく必要があることが挙げられます。異文化間を移動している子どもたちは、発達に応じて、アイデンティティの獲得をどのように行っているのでしょうか。

箕浦（2003）は、米国に滞在している日本人児童を対象に調査を行い、滞在期間と文化的アイデンティティの関係について次のようなことがいえるのではないかとしています。

○9～11歳未満：日米間の行動の型の違いを認めることはできても背後になる意味空間の違いまで気づかない。一つの文化の意味空間によって行動と感情が左右されだす以前なので、ある文化型特有の行動形態から他の文化型の行動形態への置き換えは比較的スムーズに行われる。
○11歳から14歳：この間に異文化社会に移行した場合は、不協和音を感じる。自文化の中で獲得した対人関係の文法は異文化の文法を取り入れたからといって容易に消し去れない。
○14歳から15歳：これ以降に異文化圏に入った場合は、それまで暮らした母文化の影響を濃厚に受けており、異文化圏に移行してもその文化文法にすぐに染まることはない。しかし必要にせまられて新しい文化環境に見合うように外見上は行動形態が変わってくる。行動面ではバイカルチュラルな人間になっていく。
○ 異文化の言葉を習得するのに3年から4年かかること、言葉と文化が密接な関係にあることなどの理由により、対人関係領域の文化文法を包絡しきるには、同一文化環境に約6年間居住しつづける必要がある。対人領域の意味空間が体得される最も重要な時期は、9歳から15歳までの6年間と思われる。

これは、あくまで一研究の結果の仮説であり、実際は場所や個人差なども

ありステレオタイプ化はできませんが、年齢によってアイデンティティの獲得の仕方が異なってくることを示していることがわかります。箕浦は、9歳から15歳までを人と人との関わり方を学んでいく特に重要な時期としています。ここで見過ごしてはならないのは、移動をする子どもにとってだけではなく、ホスト社会における子どもたちにとっても同時に人間関係の構築について学んでいく重要な時期であるということです。双方が影響を及ぼし合いながら、その関係性の中でアイデンティティを形成しているのです。

6 アイデンティティの落とし穴

　ここまでアイデンティティについて述べてきましたが、アイデンティティの落とし穴もいくつかあります。ここでは、コミュニケーションの具体例からアイデンティティの持つ落とし穴について述べたいと思います。

　アイデンティティは、実際の会話の中であるアイデンティティで相手を無意識に捉えてしまい、矛盾がおきてしまう場合があります。

　次の会話を見てください。原さんと韓国からきた留学生のパクさんとの会話です。

原　さん：はじめまして。原です。どうぞよろしく。
パクさん：はじめまして。パクです。どうぞよろしく。私の趣味は水泳です。原さんも水泳をしますか。
（パクさん：原さんにあえてうれしいなあ。原さんも私と同じ趣味かな。）
原　さん：はい、します。韓国でも水泳はよくしますか。
（パクさん：原さんも水泳をするんだって。原さんはどこに泳ぎにいくのかな。韓国でも水泳をよくしていたのか興味があるのかな。）
パクさん：はい、韓国にいたときもよく水泳をしていました。
（原　さん：韓国人はよく水泳をしているのかどうか聞いているのに、自

　　　　　　分のことを答えている。)
原　さ　ん：というか、韓国の人はよく休みの時など水泳に行きますか。
(原　さ　ん：こんなふうに言い直したので私が言いたいことは多分通じる
　　　　　　だろうなあ。)
(パクさん：あれ、私が水泳をしていたこととは関係なしに、韓国の人が
　　　　　　水泳するかどうかに興味があるのかな。私が水泳することに
　　　　　　は興味がないのかな。)
パクさん：水泳にいく人もいますが。
(原　さ　ん：私の聞きたかったことが通じた。)
(パクさん：韓国人が全員そうかわからないからこんなふうに答えておこ
　　　　　　う。)
原　さ　ん：韓国の人は休みの時にはどんなことをしますか。
(原　さ　ん：韓国人の休日の過ごし方も聞いてみよう。)
(パクさん：水泳の話をもう少しこちらからも聞きたかったのに。韓国人
　　　　　　の休みの日の過ごし方に興味があるのかな。でもいろいろな
　　　　　　のに。一言では答えられないなあ。韓国人の代表でもないの
　　　　　　に。)
パクさん：いろいろです。
(原　さ　ん：いろいろって言われてもよくわからないなあ。ちゃんと答え
　　　　　　てくれていない気がするなあ。)
(パクさん：こう答えるしか方法がないなあ。)
原　さ　ん：いろいろって例えば映画とかは見に行く人は多いですか。
パクさん：映画を見に行く人もいます。

　さて、お互いにストレスがたまっているようです。なぜでしょうか。括弧の中のそれぞれのつぶやきを読んでみましょう。原さんは、パクさんを「韓国人としてのアイデンティティを持つパクさん」と捉え、終始一貫してこのアイデンティティの枠組みで相手を捉えようとしています。そのため、パク

さんに個人としてのパクさんよりも韓国人としてのパクさんとして様々な質問をしていきます。一方、パクさんは、「水泳をする」自分自身を原さんに表したいと思っています。自分が韓国でも水泳をするかと興味を持って聞いていると捉えましたが、実は自分自身よりも韓国の方に興味があることを知り、がっかりします。そして韓国人として答える質問をされ、葛藤を感じます。

このような場面はよく見られます。無意識に相手を「あるアイデンティティをもっている人間だ」と決めつけてしまって終始一貫してその枠組みの中で相手を捉えようとしてしまうためといえるでしょう。

また、わたしたちの無意識に発する言葉がともすれば相手をあるアイデンティティで捉えてしまうことがあります。何気なく口にしても、それが相手に影響を及ぼす場合もあるのです。例えば、「あなたは根無し草だね」としょっちゅう言われていた場合、その子どもはアイデンティティを形成する上でその言葉が影響してしまうということが挙げられます。

枠組みにとらわれずに相手と向き合い、アイデンティティを重層的なもので主体が選択し得るものであるという捉え方をしていくことは大切ではないでしょうか。

7　多文化共生社会におけるアイデンティティの捉え方

では、多文化共生社会においてアイデンティティをコミュニケーションとの関わりからどのように捉えていけばよいでしょうか。

まず、自分の口にする何気ない言葉がともすれば相手のアイデンティティに影響を与えているかもしれないということを意識化する必要があるでしょう。影響を与えるのは悪いという意味ではなく、言葉がアイデンティティにも影響を及ぼすということを意識化していく必要があるのです。特に教育の現場では教師の何気ない言葉が子ども達に強く影響を与える可能性があります。数年前に反響を呼んだ番組に『小さな留学生』という番組があります。

これは、ある中国人がつくったものですが、日本に来た中国人の小学生が日本で暮らしていく様子とその成長を追ったドキュメンタリー番組です。この番組の中で、担任の先生がこのように中国からの留学生をクラスで紹介する場面があります。「今日はね、とってもうれしいことがあるの。中国から来たお友達。名字は張、名前は素。」転校生など、新しいメンバーがクラスに入るとき、どのような言葉で迎えるかは双方にとって大きな影響があるのです。この先生の場合、「うれしいことがある。」というポジティブな言葉を述べ、「転校生」ではなく「お友達」という言葉でこの子どもを迎えています。そして、名前を覚えてもらうようにし、一人の個人として受け入れようとしています。教師のこの一言で、張さんが自分自身のあり方を肯定的に捉えることができ、また子ども達も張さんを仲間として受け入れるよう心が開いていったといえるでしょう。このように「相手をどのような言葉で表現するか」がその後のその子ども自身のあり方、受けとめられ方にも影響を及ぼすのです。また、アイデンティティは相手との相互作用によって相互に影響を及ぼし合うものと捉えていく視点も大切でしょう。

　次に、相手を多面的に捉えていくことの大切さが挙げられます。井上(1997)は、留学生の存在について、「文化的異質性としてだけではなく、人生移行期としての存在、大学、地域のコミュニティーとしての存在等多面的に理解することが大切」と述べています。例えば、ある留学生パンサーさんがいたとしましょう。パンサーさんは、タイ人というアイデンティティを持っていますが、それだけではなく、例えば「料理好きな人」としてのアイデンティティ、20代の若者としてのアイデンティティ、地域に住んでいる住民としてのアイデンティティ、女子学生としてのアイデンティティ、将来設計士になりたいというアイデンティティ等様々なアイデンティティを持っているのです。しかし、ともすれば例えば「交流会」などで「タイ人である」面だけが強調されてしまうと、「パンサーさん＝タイ人のアイデンティティを持っている人」としてしか捉えられません。交流会でも参加者が主体的にアイデンティティを選択できるような環境が大切ではないでしょうか。

さらに、固定的で単一的なアイデンティティで捉えるのではなく、アイデンティティは重層的であり本人の主体的な選択であると捉え、その主体的な選択を尊重していくことが大切でしょう。アイデンティティは「～べきである」と固定的に捉えるのではなく「～になる」と主体的に選択していく動的なものなのです。箕浦 (2003) は、戴 (1999) がサンフランシスコにおける調査で、多文化主義が多くの人々に支持されているところで生活することがアイデンティティの選択過程に影響を及ぼすことを挙げ、次のように述べています。

> 生きやすさとは、他者からの一定の位置取りをすることを強制されることなく、自分で位置取りを決められるだけの自由度のある社会ということである。多文化共生社会とは、そうした選択の自由度があると大多数の人が考えている社会のことである。(箕浦、2003)

箕浦 (2003) は、アイデンティティという観点から、主体的な選択ができ、そして選択の自由度のある社会が多文化共生社会であると述べているのです。

さらに日本語の支援の立場から箕浦の意見に加えると、主体的な選択ができるような環境づくりやサポートも大切ではないかと思います。枠にとらわれない視点で相手を見ること。ありのままの今、ここでの相手と向き合うこと。この意識が出発点ではないかと思います。例えば、筆者がインタビューをしたあるブラジル人学校の校長先生が、「現在日本に住んでいるブラジル人の子ども達の置かれている状況は様々だ。日本にずっと住む子どもには日本語教育は大切だし、ブラジルに帰国する子どもにはポルトガル語の教育が大切だろうと思う。この学校でポルトガル語と日本語を学ぶ機会をつくることによって子ども達に将来の選択の場を提供したい」と述べていました。この考えは、主体的なアイデンティティの選択と当事者の自由を尊重した立場といえるでしょう。

また、箕浦(1995)は、「国際化が進み、文化移動が一般化すればするほど、一文化、一集団に自己のアイデンティティのよりどころを求める人より『超文化アイデンティティ』あるいは『多文化アイデンティティ』に生きる人が増えてくることが予想される」と述べていますが、このような捉え方も大切ではないかと思います。星野(1983)は、「自分自身とその仲間、ひいては地球上の人類の明日とその運命についてナショナリストや自民族中心主義の視点からではなく、様々な民族、言語、宗教に生きる生き方を肯定しつつ、しかし、特定のそれらにとらわれない、自由にして闊達、世界のどこにあってもたくましく生きる人間」を「超えた」文化に帰属した「マルチカルチュラルパーソン」としています。また、マルチカルチュラルパーソンについて、星野(1994)はさらに具体的に、「いずれの文化にも完全には埋没せず、それぞれの特質や問題点を把握した上で、自主的な判断とスタンツを採用し、柔軟でありながら、しっかりした自我アイデンティティ」を持った人と述べています。箕浦、星野の述べるように「どこか特定の集団にアイデンティティを求めるのではなく」「どこにあってもたくましく生きていく」姿勢は、グローバル化がすすむ今、大切ではないでしょうか。

　さらに、もし相手が居心地の悪さやアイデンティティの葛藤を感じていた場合には、それを「よくないこと」と判断したり、隠蔽するのではなく、居心地の悪さや葛藤をありのまま出していく環境づくりも必要ではないかと思います。例えば、筆者の場合、留学生と日本人学生が一緒の多文化クラスを運営していましたが、授業のふりかえりを共有し文集を発行していました。その中で、授業の中では言えなかったことや、後で授業の討論をふりかえって考えたことなど、皆様々な考えや思いを書いていました。その中で、ある時、韓国人の学生Pさんが、「韓国ではどうですか、といって自分を名前でよんでくれない。私は韓国人の代表ではないのに」とたまっていたストレスを書いたのです。彼女のこの文章を読み、相手の気持ちにそれまで気づかなかったことにはっとした学生が何人かいました。思い切ってPさんが文集に自分自身の葛藤をさらけだしたことで、初めてPさんの葛藤に気づいた

人が何人かいたのです。クラスメートにとってはそれが学びの機会になりました。

　これは一事例ですが、葛藤や居心地の悪さをネガティブなものとして捉えず、ありのまま受けとめていくということも大切ではないかと思います。

　また、筆者は、クラスでディスカッションを行なった後で、参加者でディスカッションのビデオを見ながら、実際にどう感じていたかを自由にディスカッションするふりかえりを行なったこともあります。学生のコメントは、「ディスカッションの時は気づかなかったが、相手がもっと居心地の悪さをだしたかったのに、自分でまとめてしまった。」「相手の発言に居心地の悪さを感じた。」「自分の出したい面が出したかったのに、出せなかった。」など、様々な意見がでました。

　教師をしていると、どうしても「クラスをうまくまとめよう」とする余り、1人ひとりの葛藤や居心地の悪さをネガティブなものとしてつき放してしまう傾向があるのではないでしょうか。しかし、こうしたことに目をそむけず、寄りそっていくことが、主体的なアイデンティティの選択できる環境づくりの第一歩なのではないでしょうか。

実践してみよう！

1　花びらにたとえると？
　あなた自身はどんなアイデンティティを持っていると思いますか。今のあなた自身だけではなく将来のあなた自身も含めて、花びらの形にして描いてみてください。

2　会話の中でどう現れる？
　2、3人のグループになって「今まで印象に残った出来事」「将来してみたいこと」について話し合ってみて下さい。
　これらの会話の相互作用の中で、あなた自身が1で描いたアイデンティ

ティの中でどのようなアイデンティティが現れていましたか。それは固定的でしたか。変化していきましたか。描いた以外のアイデンティティは現れましたか。ふり返ってみてください。

3　投書欄にどう現れている？

　新聞の投書欄を幾つか集めてください。その投書欄の文章を読み、その文章で、書き手のどのようなアイデンティティが現れているのかを考えてみましょう。(もちろんアイデンティティは1つとは限りません)

4　居心地のいい空間は？

　これまでの自分の生活の中で「居心地のいい」空間(時間)とはどんなところでしょうか。そこでは自分自身のどんなアイデンティティが現れていると思いますか。ふりかえってみてください。

3章　価値観
私たちの中に目に見えない形で根付いているもの

（キーワード：個人主義・集団主義、自己、人間関係、判断基準、価値志向）

1　価値観とコミュニケーション

　コミュニケーションは、言語・非言語にかかわらず、記録したり観察したりすることができます。それとは対照的に価値観は目に見えない抽象的なものです。それでいて、相手を理解するためには無視できないものです。価値観は個人、グループ、社会、など様々なレベルに存在します。「あの人とは価値観があわない」と気軽に使われることもありますが、個人的な嗜好とは違い、人の考え方、生き方全体に根本的なレベルで影響していると言うことができるでしょう。また、価値観は見た目に表れるものではなく、無意識的に人々の考え方の基本となっています。ものごとを考えるときに、価値観は「正しい」「正しくない」、「すべき」「すべきでない」という判断基準になっています。ところが自分の判断基準がどのような価値観に基づいているかを知らないと、逆に自分の価値観が「正しい」と思い込み、相手に押し付けてしまうことにもなります。同じ年代の学生同士の会話で考えてみましょう。

<例1>
シュンエン：大学に残って教師になるための勉強を続けようか迷ってるの。
か ず こ：後2年かかるのよね。
ゆ　 み：どうして迷っているの？
シュンエン：私が大学に来てもう4年も家族や親戚から離れているし。地元に帰ってみんなのために働かないと。
か ず こ：でも、自分の夢でしょう？シュンエンが幸せになれば家族も理解してくれるはずよ。
ゆ　 み：せっかくだから後2年がんばって、それで故郷に貢献すればみんなもわかってくれるよ。
シュンエン：だけど、もう4年も離れているから…
か ず こ：自分の人生だから、自分の納得のいくように決めなきゃ。応援するよ。

　教育の勉強を続けたいけれども、故郷から離れて自分の好きなことだけをしているのではと悩むシュンエンに、かずこは自分の人生は自分で決意しなくてはいけないよと励ましています。ゆみも長い目でみればシュンエンが自分の夢を実現することで故郷にも貢献できるのでは、と勇気付けているようです。
　大学生活を送っている学生としては高等教育に価値を置いているということで共通しています。しかし、自分の将来を決めるにあたりそれぞれの価値観が違っているようです。「自分のことは自分で決める」ことを重視するかずこからみると、シュンエンはなかなか決心ができないで歯がゆいように映るかもしれません。親戚やコミュニティーとの結びつきが強いシュンエンからすると自分の将来は自分の一存で決めるべきではなく、親族やコミュニティーの一員として期待される道を進まなければならない、という思いがあります。価値観は、このように私たちが大切な判断をするとき、相手のことを理解しようとするとき、そして、行動に大きく影響してきます。

次の事例ではどうでしょうか。

> <例2>
> 留学生のハーさんは日本に来て3ヶ月です。授業の終わった放課後も友達と遊びに行く機会が多くなりました。また、最近では友達と毎週土曜日に東京へ遊びに行き、新しい発見をすることを楽しみにしています。するとある日、夕食後の時間に帰宅したとき、ハーさんが滞在している家のお母さんが、「こんな時間までどこに行っていたの？若いお嬢さんを預かっているのに万が一のことがあればどうしたらいいの。」と、一方的に説教をされました。ハーさんは日頃からいつも「何時に帰るの？」と事細に訊かれるのにも閉口していました。25歳にもなってまるで小学生のように扱われることが不満です。

　自立の奨励、両親と子供の関係、男女の役割の違い、など社会における価値観の違いが存在することがわかります。しかし、その一方で各家庭のありかた、個人の性格なども関連してくる可能性もあることを常に考慮しなければなりません。では、文化的な価値観と個人の性格や嗜好はどのように違うのでしょうか。文化的な価値志向の研究を詳しくみる前に、価値観と個人的嗜好の違いについて触れたいと思います。

2　価値観と嗜好の違い

　価値観は個人的な嗜好と混在的に使われることがありますが、個人的な嗜好と違い、価値観は人々の深層部分に根付いたものと考えられます。嗜好は人々の好みの傾向で比較的簡単な質問で知ることができます。例えば、好きな俳優、食べ物、流行に関するものなど、市場調査やその他のアンケート調査で名前を挙げたり選択肢から選ぶことができるようなものです。
　一方、価値観は人々の心理的に深い部分に根付いているために単純な質問

では的確な結果を得ることが難しいとされています。例えば、「自由」という概念をどうとらえるかは個人によって大きな違いがでるでしょう。しかし、それをどのように捉えているのかを知るのは嗜好について尋ねるように簡単にはいきません。「自由」というものを「他人に干渉されることなく、気ままに生きる」と考える場合もあれば「自分の責任が大きくなり、リスクを伴うもの」と捉える場合もあるでしょう。親や周囲の環境から知らず知らずのうちに身につけて、意識的には考えていない場合が多いのも価値観の特徴です。価値観はこのように私達の心理の奥深いところに存在します。そして、一度身に付いたことはなかなか変えることが難しいとされています(Segal, et al., 1990)。社会の規範と照らし合わせて、「〜すべきだ」と判断する基準が価値観と言えることができます。

　価値観は目に見えるものではありませんが、その影響を受けた行動は目に付きます。筆者の生徒が学食で人々の行動を観察していた時、いくつかのサークルらしきグループが座っていたのに特徴があることに気がついたそうです。ほとんどのグループが男性は男性同士、女性は女性同士隣り合うように座っていたそうです。観察していた女子学生の友人は気にならなかったと言っていました。この女子学生が所属するサークルでは普段から男性・女性で固まって座らないような習慣があるので、それを当たり前としていた彼女の目には、男女が隣り合わせになっていないグループが「不思議なもの」として映ったようです。人々の深い部分にある価値観が行動として見えることで、自分の行動をふりかえり考えるきっかけになることもあります。

　基本的な価値観というのは急激には変わりませんが、時代や社会状況により次第に変化するものもあります。例えば、日本人の「個人志向化」が戦前・戦後、高度成長期と変化してきたように、時代やまたは世代によっても違いがでることが報告されています(守崎、2000)。しかし、個人的な嗜好が流行に影響される短い期間であるのに対し、価値観は多少の変化をしながらも長期的に同じグループで認識されるものであると言えるでしょう。

　例えば、「親の面倒を見るのは子の務めである」ということは二世代前ま

で当たり前と考える人々が多かったのではないでしょうか。親との関係、年配の人を尊敬すること、子供の男子・女子の違い、それぞれに社会的な基準があり、それが人々の行動となってでてきます。それに合わない行動をする人は非難されることもあるでしょう。しかし、その規範的なものも時代によって変化していきます。今の日本社会では個人によって「親と子の務め」に対して、それぞれ考え方に違いがでるでしょう。

3 価値観の研究

　価値観の研究は、社会学、宗教学、コミュニケーション学、文化人類学等、さまざまな分野で研究されてきました。それぞれの分野において価値観の研究の仕方、捉え方にも違いがあります。特定のグループにおいて具体例を集め、一般論へと導く方法があります。この場合は、一般論に出した結果がそのグループに属しているすべての人々に当てはまるのか、という疑問が残ります。また、その結果を用いてステレオタイプ化をしてしまう危険性もあります。別の方法として、演繹的な調査方法があります。これは研究者が予め決めた項目を提示して、それに対する考え方を尋ねていくものです。この場合も、文化における価値観の簡略化のしすぎや調査方法に研究者の属する文化の価値観を基準として他の文化の価値観を測る、いわゆる文化的な偏見による調査の限界や危険性があります(Condon & Yousef, 1975)。しかしながら、それぞれの研究方法のおける弱点について認識していれば価値観の研究結果は異文化間コミュニケーションにおいて役に立つものです。

　コミュニケーションをする時、相手と自分の価値観が同様のものであれば、相手の言動・行動を推測することが容易になり、コミュニケーションがスムースにいきます。異文化においても相手の価値観、自分の価値観を把握していれば相手の考え方や行動を自分の価値基準に当てはめて誤解をすることを防ぐことができるでしょう。この章では様々な価値観の研究の中から、コミュニケーションの分野において影響の強い2つの価値観の研究を紹介し

ていきます。

3-1　価値志向の概念

　ハーバードの研究者であるクラックホーンとその仲間達は1950年代にニューメキシコ州の同じ地域で各自のコミュニティーを作り共存していたズニ族、ナバホ族、スペイン系アメリカ人、テキサス州からの移住者、モルモン教徒を対象に調査をしました。彼女らは、社会には人間としての普遍的な共通の問題があり、それを解決するには限られた解決策があると仮定しました。その解決策を問うことで、人々の価値志向を見出だすことができると考えました (Kluckhohn & Strodbeck, 1961)。人間の本質は善か悪かを問う「人間性志向」、人間は自然を征服することが可能と考えるか、調和を目指すか、又は自然に対して畏怖を抱いているのかを見る「人間対自然志向」、未来、現在、過去のどれに価値をおくかを現す「時間志向」、存在することに価値をおくのか、活動することに重きをおくかの「活動志向」、縦のつながりを重視するのか、横のつながりの集団を重視するのか、個人に価値をおくかの「人間関係志向」の5項目において人間の価値観の傾向をみることができるとしています。

　コンドン (Condon & Yousef, 1975) は、クラックホーンらの研究結果の問題点と有効性の両方を指摘しながら、異文化間コミュニケーションを理解する上で役に立つ25項目を以下のように整理しています。

<自己>

- 個人主義―相互依存
    1. 個人主義　　　2. 個性　　　　3. 相互依存
- 年齢
    1. 若さ　　　　　2. 中年　　　　3. 老年
- 性別
    1. 平等　　　　　2. 女性優位　　3. 男性優位
- 活動
    1. 行動する　　　2. 存在する過程　3. 存在する
    　　　　　　　　　（なる）　　　　（ある）

<家族>
- 関係
  1．個人主義　　　　　　2．傍系　　　　　　　　3．直系
- 権威
  1．民主的　　　　　　　2．権威中心　　　　　　3．権威主義
- 地位的役割行動
  1．開放的　　　　　　　2．一般的　　　　　　　3．特定的
- 移動性
  1．高い移動性　　　　　2．局面的な移動性　　　3．低い移動性

<社会>
- 社会の相互関係
  1．独立　　　　　　　　2．相互性　　　　　　　3．補完的相互性
- グループのメンバーシップ
  1．個人主体、多数のグループ　2．（1と3）の間　　3．グループへの服従に属す
- 媒介者
  1．無し　　　　　　　　2．専門家のみ　　　　　3．必要
- 形式
  1．非公式　　　　　　　2．選択的な形式主義　　3．形式主義
- 所有財産
  1．私有　　　　　　　　2．実利主義　　　　　　3．社会共有

<人間の本質>
- 理性
  1．合理的な　　　　　　2．本能的な　　　　　　3．不合理な
- 善と悪
  1．善　　　　　　　　　2．善と悪　　　　　　　3．悪
- 幸福、快楽
  1．幸福が目的　　　　　2．幸福と悲しみの混在　3．人生はほとんど悲しみ
- 可変性
  1．変化、成長、学習　　2．多少の変化　　　　　3．変わらない

<自然>
- 人間と自然との関係
  1．人間が自然を支配　　2．人間と自然の調和　　3．自然が人間を支配
- 自然を理解する方法
  1．抽象的　　　　　　　2．帰納的・演繹的　　　3．特定
- 自然の構造
  1．機械的　　　　　　　2．神聖な　　　　　　　3．有機的
- 時間の概念
  1．未来　　　　　　　　2．現在　　　　　　　　3．過去

<超自然>
- 人間と超自然の関係
  1．神としての人間　　　2．汎神信仰　　　　　　3．超自然が人間を支配
- 人生の意味
  1．物理的、物質的目標　2．知的目標　　　　　　3．精神的目標
- 摂理
  1．幸福は無限　　　　　2．幸福と不幸の調和　　3．幸福は限りある
- 宇宙の秩序に関する知識
  1．理解できる　　　　　2．信仰と道理　　　　　3．神秘的と不可知

我々の行動は様々な価値観に基づいてなされています。これらの項目は価値観を多角的にみることができる助けになります。例えば、＜自己＞について言えば、個人主義に価値を見出し尊重するのか、相互依存が社会の暗黙の了解なのか、また、人とのつながりのある集団のなかにも個性を出すことを奨励しているのかによって、自分の行動も、また、相手に対する対人関係における期待も変わってきます。

　この章の始めにあった＜例1＞のシュンエンとかずこの場合、どのような価値観の違いがあるのでしょうか。シュンエンは家族、コミュニティーの一員であるという認識が強く、集団の中でどのような「存在になる」ということが常に頭の中にあると言えるでしょう。自分の人生の決断をする上で、集団の一員ということは切っても切り離せないことなのです。一方、かずこの場合、家族を思う気持ちは強いかもしれませんが、お互いのやりたいことを尊重し、自分のすることは自分で責任を持つという独立した「自己」を持っているといえるでしょう。「何かをする」ことに価値を置き、自分が所属する地域というのは一生続くものではなく、その都度、変わるものであると考えています。家族やコミュニティーとのつながり方、自己の位置づけ、人生の目的、土地との結びつきなど、異なる価値観がお互い根深いところで混ざり合っていることがわかります。

　筆者の知り合いでニューメキシコのテワ族の人々は子供達が都会の大学に行くときに「りっぱなテワになって帰っておいで」と言いながら送り出すそうです。彼らにとっては「よいテワ族の一員となる」ことが大切なのです。しかし、都会では子供達は「よいテワ族」になる以外に「何かをすること、行動すること」を重視する社会で生活することになります。また、社会では仕事を求めて故郷を離れて各地を転々とすることも人生の中の選択肢として存在しています。その中で生き抜くことは自分の価値観を否定せざるを得ない状況にも追いこまれます。慣れ親しんだ環境と大きく異なる環境で生活するということは、価値観の違いから自分のアイデンティティをもゆるがすことにもなります。

家族間においても、核家族や3世代あたりまでを家族の単位と考える文化もあれば、先祖代々の伝統を受け継ぎ、判断を下すときには祖先の意見を反映するような文化もあります。それに加えて、どの世代により価値を置いているのか—若さなのか経験をともなう年功者なのか—によって家族メンバーの役割も全く違ったものになるでしょう。子供の意見を奨励し、尊重する家族形態もあれば、子供は親の意見を聞くものである、とする文化とでは親子関係にもすいぶん違いがあります。責任のある仕事、企業のトップや政治家はどのような人がなっているでしょうか。経験を積んだ年配者でしょうか、それとも、若い世代でしょうか。また、同じ子供でも社会的に男性・女性の役割が決められているところは子供の扱いにも違いが出てくるでしょう。

＜例2＞のハーさんとホストマザーの場合、どのような価値観の違いがでているのでしょうか。ハーさんは家族関係でも独立、自立した価値観を持っていることがうかがえます。また、男女平等で特に女性であることの制約を受けることもないでしょう。一方のホストマザーの場合は、学生＝子供を預かるという親子関係が無意識のうちにあるかもしれません。親は子供を保護するもの、子供は親に対して従順であること、という考えもあるかもしれません。そして、女性と男性の違いを常に意識する社会的価値観があることがうかがえます。男女平等、個人の独立に価値を置く社会から、相互依存の家族関係の社会へと移動する場合、特に、女性がカルチャーショックを受けるケースが多いと言われています。日頃、自立した一人の人間であると認識し、男女性差の意識があまりない社会で生活している女性が親子関係、男女性差、の考え方が違う社会に行くとアイデンティティの急激な変化と個人の自由の制約を感じるようです。

3-2 価値観の比較研究

ホフステード(Hofstede, 1980, 1991)は、1960年代後半から1970年代前半に世界50ヶ所にあるIBMの社員を対象に仕事に関する価値観の調査をし、その結果から4つの概念を導き出しました。「個人主義・集団主義」「不確実

性回避」「権力格差」「男性らしさ・女性らしさ」です。ホフステードの調査は多国にわたる調査ですが、IBMという同一の企業文化を持っている人々を対象としていることや、個人差と結果の一般化のバランス、など考慮すべき点も多く指摘されています。しかし、1980年代からさまざまな社会科学的アプローチの調査のもとになり、広く活用されてきました。

　ホフステードは4つの価値観のカテゴリーをそれぞれ対にして提示していますが、各地域や文化が2つのうち何れかに属するというものでありません。それぞれの相対する価値観の度合いがどのように現れているのかを見ることができるものです。例えば、日本は集団主義の傾向が強く現れていますが、韓国やタイ、南米の国々等は集団主義の度合いがさらに高くでています。また、それぞれの文化の特徴は他の文化的価値観や社会体制が複雑に絡み合っているので、ホフステードの提示した特徴がすべての文化に当てはまるというものでもありません。しかしながら、これらのカテゴリーを1つの指針として行動や考え方を理解するきっかけとしては有益です。

　ここでは、ホフステードの4つのカテゴリーの説明を主に、5つめとして彼の研究をもとにしながら、アジアを中心にして研究された価値観を付け加えて紹介していきます。

3-2-1　個人主義・集団主義

　個人主義的な社会では核家族を単位とし、広い範囲での親族は身内としての意識は低くなります。自然と忠誠心や責任も狭い範囲のものとなります。一方集団主義の社会ではコミュニティーや親族など、自分の属している幅広い意味でのグループに対して忠誠心や義務責任も生じます。そのかわり、集団からの援助も得られるという相互依存の関係が成り立ちます。自分の捉えかたも、個人主義的な社会では「自分」として捉えているのに対し、「私達」と集団主義的な社会では捉え方がちがってきます。また、心理的な自己も個人主義的な社会では、独立した存在ですが、集団主義的な社会では自己を他の人々の関係性の中に見出します。家族の一員としての自分、学校の一員と

しての自分、というように人間関係の中に自己を定義しています (Markus & Kitayama, 1991)。

　教育の目的も個人主義的な社会と集団主義的な社会では違いがあります。個人主義的な社会では、個人が社会において出会うであろう様々な新しい局面に対処できるように「いかに学ぶことを学ぶか」を重視しているのに対し、後者では、個人が社会に受け入れられるように「いかに振舞うかを学ぶ」ことに重点がおかれています (Hofstede, 2000)。

　教室内での行動にも違いが現れます。次の例をみてみましょう。

＜例3＞
教　師：水資源の権利についてどのように思いますか。
生　徒：…
教　師：かずこさんは市民の立場から調べてきてくれたと思いますが、意見を言ってください。
かずこ：はい、私が調べた例では、水道が民営化されることによって料金が倍近く上がったということがわかりました。生活に欠かせない水を手に入れることができない状態が起こりうることがわかりました。
ヨンハ：国際企業が介入することによって、一般市民が被害にあっていると思います。
シュンエン：…

ここで教師と生徒のつぶやきを聞いてみましょう。

教　師：誰も何も言わない…宿題をやってないのかしら。
生　徒：誰か何か言ってくれないかな？意見はあるけど言いにくいな。先生が誰かを指名してくれたらいいのに。
教　師：…このクラスは誰かがきっかけにならないと意見が出にくかっ

> たんだわ。意見の言いやすい点を調べた人に当ててみましょう。
>
> シュンエン：成功例もあるんだけど、皆の意見とはまったく違うものだから言いにくいな…。先生はどう思っていらっしゃるのかしら？

　個人の性格にもより、皆の前で意見を言いにくい人、そうでない人と様々です。しかし、性格や課題に対して熱心でない、ということだけではない場合があります。社会的に教室ではどのように振舞うべきかという規範があり、それに基づいた行動を変えることはなかなか難しいことです。

　個人主義的な社会では生徒は一個人として敬意を持って扱われます。また、積極的な発言が認められます。一方、集団主義的な社会では生徒を生徒の集団として見なし、他のクラスメートとの調和を図り、その中でお互いの面目を保つ傾向があります。そして、自発的な発言は促されることが少ないのが特徴です (Hofstede, 2000)。

集団主義的	個人主義的
●拡大家族やその他の内集団（社会的所属集団）のなかでの相互依存、忠誠と保護という相互関係を維持する	●成人すると自分と核家族の世話をする
●自己は自分が所属する社会的なネットワークの中にある	●自己は自分自身を中心として捉えられる
●幼いころから「われわれ」という視点から物事を考えるように学ぶ	●成長の過程で「私」という視点から物事を考えるように学ぶ
●教育の目的は具体的な方法を習得することである	●教育の目的は学習のやり方を習得することである

表1（ホフステード、1995, p.68,　表 3-3　「集団主義的な社会と個人主義的な社会の基本的な違い――一般的な規範、家庭、学校、職場」を一部参照）

　先にも述べましたが、調査の対象となった国々の平均的な傾向として個人主義・集団主義の度合いがどれほどでているのかを提示したものです。各国々での個人差があります。例えば、集団主義の傾向が強い日本でも、個人

主義の傾向が強いアメリカよりもさらに個人主義的な人はいるでしょうし、その逆もあります。

3-2-2 権力格差

　社会には様々な面での権力の差をシステムとして受け入れているか、また、なるべく権力の差をなくそうとして体制に挑戦し、対等な立場にしていこうとする傾向とがあります。ホフステードは様々な組織や制度において権力の弱い成員が、権力が不平等である状態を受け入れている度合いを権力格差と定義しています。また、この権力格差は依存関係に関する情報も示唆します。権力格差の小さい国では上司と部下が相互依存関係にあります。一方、権力格差の大きな国では、部下が上司にかなり依存することがありますが、それを好むか、拒否するか(反依存)にわかれることになります。ここで権力として捉えられるのは、地位、年齢、性別などであり、権力格差の強い社会では地位の高低によりおのずと振舞い方が決められてきます。例えば、学校において生徒は教師に反論はしない、とか、家庭においては子供は大人の言うことに従う、というのが社会の価値観として根付いています。一方、権力格差の少ない社会では、平等な発言をよしとし、年齢差や地位の違いから発言や行動が制限されるという傾向は少なくなります(表1参照)。

権力格差が小さい社会	権力格差が大きい社会
●親は子供を平等な存在として扱い、子供は親を平等な存在として扱う	●親は子供に従順になることを教え、子供は親に敬意を払う
●教師は生徒の自発的な振舞いを期待する	●教師は教室で全主導権を握ることが期待される
●教師は人格とは関係なく真実を伝える専門家である	●教師は、自らの叡智を伝える伝導師として期待される
●学生は教師を平等な存在として考える	●学生は教師に敬意を払っている

　表2(ホフステード、1995, p.36, 表2-3 「権力格差の小さい社会と多き社会の基本的な違い――般的な規範、家庭、学校、職場」を一部参照)

権力主義と個人主義・集団主義の結果を同時にまとめると、オーストラリア、アメリカ、カナダ、ニュージーランド、北欧の国々、等は個人主義の傾向が強く、権力格差は低い社会というのがわかります。集団主義の傾向が強く、権力格差が大きい社会としては南米の国々、東南アジアの国々等、が挙げられます。日本はその間ぐらいに位置しているという結果が報告されています。

3-2-3 男性らしさ・女性らしさ

男性らしい・女性らしい社会というとどのようなものかと混乱しますが、その基本となる考え方は、男性らしい傾向の強い社会というのは男女の役割が明確であり、女性らしい社会というのは男女の役割の違いがはっきりしていない社会のことを言います(Hofstede, 1980)。男性らしい社会では、男性は仕事において中心的な役割を果たし、業績を達成するために力強く振舞うことが期待されます。女性は謙虚で家庭的な役割を求められます。男性的傾向が強く、権力格差も同時に強い社会の家庭では、父親の権限が強く、それを支える母親、絶対的な存在である父親に従う子供、という構図が見られます。権力格差が小さい場合では、両親はそれほど支配的ではないけれども、夫と妻の役割、男の子と女の子の役割の違いは家庭内でも明確にでてきます。

一方の女性らしい傾向が強い社会では、男女間が平等で「男性だから」「女性だから」ということで職業や生活の役割が決められることはありません。このような社会では、人生の目的においても仕事や物質面での成功よりも生活の質を重視しています。権力格差が大きく女性らしい傾向が強い社会の家庭では、両親共に子供に対して支配的にはなりますが、子供は男女分け隔てることはありません。権力格差が小さく女性的傾向が強い場合は、親も子供に対して支配的ではなく、男女の違いによる役割分担も明確ではありません。

学校においても家庭や社会での男女の役割の考え方が反映されるとい

います。教師が家庭における父親と同じような男性らしい社会、正確な答えを追及することのみを目的としない女性らしい社会、と違いがでてきます（表3参照）。

女性らしさの強い社会	男性らしさの強い社会
●人間関係を重視し、大切にする	●お金と物質が重視される
●謙虚さを重んじる	●男性は自己主張を強くし、野心的なことが期待される
●父親、母親とも家庭においては子供に対して同様の役割を果たす	●家庭では父親が現実的なこと、母親が情緒面での対応を期待される
●学校での失敗は気にすることではない	●学校での失敗は致命的である
●教師は親しみやすいことが期待される	●教師は優秀でなくてはならない
●男女とも同じ科目を勉強する	●男女では勉強する科目が異なる

表3（ホフステード、1995, p.100, 表4-2 「女性らしさの強い社会と男性らしさの強い社会の基本的な違い――一般的な規範、家庭、学校、職場」を一部参照）

　ホフステードの調査によると日本は男性らしい傾向が強くでている社会として位置づけられています。一方、北欧の国々は特に女性らしい傾向の強い社会とされています。男女雇用均等、男性の育児休暇、女性の高学歴等、日本の社会も過去30年間で変化してきていますが、社会制度的にみても北欧に比べるとまだまだ男性らしい傾向は色濃く残っているといえるでしょう。また、前述の例にでたメキシコも日本ほどではありませんが、男性らしい社会という結果が出ています。人間関係に気を配る面や謙虚さが重視されるという点から考えると日本は必ずしもホフステードのいう「男性らしい社会」に当てはまるとはいえないでしょう。しかし、他の面では「男性らしい社会」の傾向がより強い、という結果となっています。

3-2-4　不確実性回避

　この価値観は社会において、不確かなことや未知の出来事に対して脅威を感じる度合いを示しています。不確実性回避が強い社会ということは、社会

における決まりが明確で人々の行動も予測がつきやすいものです。また、感情をあらわにしたり、非言語による表現に頼る部分が大きいとされています。社会の規範に合わない未知の人々を避ける傾向が強いのも特徴です。

不確実性回避の低い社会では、規範もゆるく、周囲の予測外の行動にも寛容性が高いとされています。独創性も奨励されているので、革新的なアイデアも出やすい環境にあるとされています。感情的になることはよくないとされています。不確実性回避の高い社会とは逆に、知らない人々に対しても受容性があるとされています。

ホフステードは、1980年代に20カ国以上の国々の教師を対象にした国際プログラムで、学習活動に違いがでていたのに気づき、学習習慣の違いの特徴をまとめています。大きく分けて、授業の目標が明確であり、細かい課題を与え、時間割がきっちりと分けられているものから、幅広い課題の中から、自由な時間で、生徒自身が組み立てていくというものまで様々な学習活動の内容が報告されました。前者では、1つの正解を求めることが期待され、後者では、正解よりも独創性に基準がおかれるという違いが見られます。このような違いは不確実性に対してどのような傾向があるかで現れてきます(ホフステード、1995)。

不確実性の回避が弱い	不確実性の回避が強い
●怒りや感情を見せるのを好まない	●怒りや感情を見せてもよい場所、時間が定められている
●違いは肯定的である	●違いには否定的である
●学生は自由な学習環境や討論に興味を示す	●学生は決められた枠組みでの学習環境に慣れ、正解を追及
●教師が「わからない」ということも受け入れられる	●教師は何についても答えられるものであると期待される
●必要な規則は最小限でよい	●守られないことでも規則を作っておく必要がある

表4(ホフステード、1995, p.133, 表5-2 「不確実性の回避の弱い社会と強い社会の基本的な違い――一般的な規範、家庭、学校、職場」を一部参照)

ホフステードの調査によると、日本は不確実性回避の高い社会という結果がでています。確かに、社会にある規定、明文化されたものも暗黙の了解であるものも含めると、かなり厳しく定められているかもしれません。相手の年齢や地位、その場の状況によってある程度、どのように話しかけたり、振舞うことが適切なのかが決まっているのも不確実性を避けるための行動という見方ができます。そして外国人に対しての受容性が低い社会であると言えるでしょう。しかし、感情表現となると、顔の表情やジェスチャーから見ても、逆に不確実性回避の低い社会の特徴の方に入るのではないかと思われます。しかし、1990年代後半に日本で働くアメリカ人が日本人の同僚を観察したところ、彼らのコメントで共通する点がありました。日常生活で日本人の同僚は嫌そうな顔をあまりせず、気の合わない人とも仲良くやっているので感心させられることが多いそうです。ところが、宴会の席や仕事帰りに飲みに行くと部下も上司も昼とは違いまるで「演じている」のではないかと思うぐらいに生き生きとした感情表現が見られ驚くといいます。自分たちでは気がつかないことでも、外から見るとその文化の価値観というものがわかりやすいということもあるでしょう。

3-2-5 儒教的価値観

ホフステードが提示した4つの価値観はさまざまな研究に用いられましたが、同時に研究方法の面で考慮するべき点がいくつかありました。そのうちの1つが、これらの4つの価値観が西洋文化からの考え方が反映されているのではないか、というものでした。その問題を踏まえて、西洋文化の見方以外から価値観を発見しようとして研究を行ったのがボンドらのチャイニーズ・カルチャー・コネクションです(The Chinese Culture Connection, 1987)。彼らはホフステードの提示した価値観が中国を中心としたアジア各国でも見られることを研究で確認しながら、儒教的価値観というのはホフステードのどの価値観にもあてはまらない、中国文化に独自なものであると紹介しました。ホフステードはこの価値観を5つ目のカテゴリーとして新た

に加えましたが、実用的に長期的志向・短期的志向と名付け直しています (Hofstede, 2001)。

　儒教的価値観は孔子の教えにあるように、それぞれの役割を果たす上下関係により社会秩序が保たれるということ、お互いの面子を保つ調和、人生においては精進、勤勉、倹約忍耐、根気、美徳を重んじること、などを基本として構成されています。

　この章ではクラックホーンやコンドンの類型的な研究と、ホフステード、その他による論証的な研究から挙げられた価値観を紹介してきました。ホフステードの研究のところでも述べましたが、それぞれの研究方法により、解釈の仕方、結果に違いが生じます。相手の行動を理解するのにこれらの価値観がすべて当てはまるというわけではありません。また、「この国はホフステードによるとこの価値観を持っているから」といって相手の行動を決め付けるのはステレオタイプを招くことになり危険です。個人の性格、個人差、地域差、を考慮することも大事なことです。例えば、ホフステードの研究によるとメキシコは集団主義の傾向が強く、アメリカは個人主義が強いですが、必ずしも、ホフステードの言う集団主義・個人主義の特徴が当てはまるとは言えません。メキシコでは家族や親族のつながりは強くても、個人としてユニークであるということは非常に重要視されています。一方で、個人主義といわれるアメリカでは家族や社会の規範以内での個の主張はしますが、個人としてのユニークさや個性的な行動は一部の集団主義の国でアメリカよりもさらに強く見られることもあります (Stewart & Benette, 1991)。ホフステードの唱える個人主義・集団主義、クラックホーンとストロッドベックやコンドンの個人主義—相互依存の価値観と、1つの価値観の分け方に頼るのではなく様々な価値観についての知識を広げることにより、相手の行動や考え方に対してより解釈の幅を広げるこができるでしょう。

　さらに、価値観について考えるときに重要なのは自分のことを知る、ということではないでしょうか。私達が「～すべき」「正しい」と考えてこ

とが、どのような価値観に基づいて形成されているのかを認識することはよりよい対人関係を築く上で不可欠です。価値観についての認識を深めることにより、短絡的な判断を下すことを避け、より柔軟な考え方ができるようになるように心がけていきたいものです。

実践してみよう！

1　何の宣伝？
　最近目に付くテレビコマーシャルをいくつか選びましょう。選ぶポイントは商品名が最後までわからないものや、はっきりわからないものを選ぶようにしましょう。そのテレビコマーシャルのテーマを分析してみましょう。出演者のイメージ、コマーシャルの筋、演出から何が見えてくるでしょうか。

2　尊敬する人は誰ですか？
　あなたが尊敬する人を紙に書いてみましょう。どのような点が尊敬できますか。2名以上いた場合、何か共通点はありますか。周囲の人とも比べてみましょう。

3　とっさの決断、その時あなたは？
　なんらかの災害がおこったとします。あなたは家の中から何かひとつだけ「もの」を持ち出すことができます。何を持っていきますか。あなたにとってどのような意味があるものでしょうか。

4　やはり気になる？
　最近では「生前葬」も行われることがありますが、ここではあなたが亡くなった後にあなたに関係のある人々が「贈る言葉」をこっそり聞くことができるとします。周囲の人からあなたに対するどのような「言葉」を聞きたいですか？

「とてもやさしい人でした…」「責任感のある教師でした…」「残した功績は偉大でした…」「よき父親・母親でした…」など、どのような言葉ですか？書き出した後で、周囲の人とでた言葉を分類してみましょう。何か傾向はありますか。

4章　非言語コミュニケーション
目は口ほどにものを言うとは？

(キーワード：対人距離、接触、視線、周辺言語、シンクロニー)

1　非言語コミュニケーションとは

　お互いに理解し合うためのコミュニケーションには何が必要なのでしょうか。お互いの話をよく聴く、わかりやすいように話す、ということがまず思いうかぶでしょう。では、メッセージを伝えるうえでは言葉が正確であれば、相手を誤解することなく理解することができるのでしょうか。次の会話を参考に考えてみましょう。

> 先　生：田中君、今日習ったことはわかりましたか。
> 田中君：はい。

　言葉で書いてみると先生が生徒に授業内容を理解できたかどうかを確認しており、生徒はそれに対して肯定的な返事をしています。この会話を文字にして見る限り、誤解の余地のない単純な会話に思えます。しかし、私達がコミュニケーションをおこなう時には、言葉以外のことがらからメッセージを受け取り、自分なりの意味付けをしています。例えば、上記の短い会話でも言葉以外のメッセージを読み取ることで違った意味にもなってきます。

解釈1
先　　生：田中さん、今日習ったことはわかりましたか。
田中君：(元気よく、先生の目を見つめながら)はい。
先　　生：(説明はわかりやすかったみたいだ。宿題の方も大丈夫だろう。)

解釈2
先　　生：田中君、今日習ったことはわかりましたか。
田中君：(伏し目がちに、つぶやくような声で)はい。(どうしていつも怖い顔で僕を当てるんだろう。まるで僕がまるっきり理解できてないような言い方だ。)
先　　生：(せっかく繰り返し説明したのに、聞いてなかったのかな。目もうつろで授業への真剣さが足りないのじゃないかな。)

　このように、言葉以外のアイコンタクト、声の調子、顔の表情、姿勢、等から様々なメッセージを瞬時のうちに受け取り、メッセージを理解する上での判断材料としています。文化人類学者であり、コミュニケーション研究に大きな影響を与えたベイトソンは「人はコミュニケーションをせずにはいられない」という言葉を残しています (Watzrawick, et al., 1967)。これは、本人の意図に関わらず人はメッセージを送信し、受信しているという非言語コミュニケーションの重要さをよく現わしています。非言語コミュニケーションがコミュニケーション全体のどれくらいをしめるのかは、学者によって見方が変わりますが、バードウィステル (1970) は日常の会話において言語からのみ情報を理解できる割合は約35%で、残りの65%は非言語によるものであるとしています。メラビアンに至っては、言葉だけによるメッセージは7%にすぎず、発話の仕方、音声の調子等の周辺言語(パラ言語)が占める割合が38%、顔の表情から読み取れる割合は55%という研究結果を報告

しています(Merabian & Wiener, 1967)。言葉によるメッセージとそれ以外のメッセージを完全に分けて理解するということはできませんが、コミュニケーションにおいて非言語メッセージは重要な役割を果たしているといえるでしょう。ここでは非言語コミュニケーションとはどのようなものが含まれるのか詳しくみていきましょう。

研究領域としては身体動作(キネシクス)と周辺言語(パラ言語)に大きく分かれますが、それを細かな項目に分けた次の表を参考にするとさらに理解しやすいでしょう。

1. ジェスチャー・エンブレム(表象的動作)
2. 顔の表情
3. 姿勢・歩き方
4. 対人距離
5. 身体接触
6. 視線
7. 周辺言語
8. 時間
9. 体型
10. 化粧
11. 髪型・服装
12. 匂い
13. 味覚(食べ物の象徴的意味も含む)
14. 環境

コンドン(1980)を元に作成

これらの項目もそれぞれが重複しながらコミュニケーションに影響を与えています。非言語コミュニケーションは特に異文化において誤解の原因となることが多いと言われています。これらのことは自分の育った環境の中で、

教えられたり、また、周囲を観察しながら知らず知らずの内に身についていくことがほとんどです。同じ文化であれば、ある程度の基準というものができており、それに合わない行動は社会常識の無い者と見なされてしまう可能性があります。就職活動の際、清潔な服装、まとまった髪、歩き方、姿勢など暗黙の了解が期待されている社会が例として挙げられるでしょう。そして、全く別の基準の社会もあるかもしれません。

また、非言語コミュニケーションは頭で理解していても実際に自分が経験すると瞬時に自分の身についた感覚で反応してしまうという危険性があります。ここでは異なった文化背景を持った人々との接触において特に基本的な、対人距離、身体接触、視線、周辺言語、時間、シンクロニーを取り上げていきます。

2 対人距離と空間

文化人類学者のエドワード・T・ホールは、授業中にラテンアメリカ出身の女子学生から質問を受けた時、熱心に質問をする女子学生が次第に自分に迫ってくるような圧迫感を覚え、次第に後ずさりをすると、逆にその学生がさらに自分の方に迫ってきたので、ついには教室の隅まで追い詰められた経験を挙げています(Hall, 1998)。ホールからしてみれば、教室の端から端まで後ずさりしている間に、「この学生は非常に熱心なようだ…自分に挑戦的なのか…もしかして自分に気があるのではないか」と様々な想像がよぎったといいます。一方、この女子学生にしてみると、自分が質問をしているのに、先生はどんどん自分から離れていってしまい冷たいな、と感じていたかもしれません。

人は成長する過程で社会における適切な対人距離というものを自然と身に付けていきます。相手との関係によってその対人距離は変わってきますが、その育った文化背景により適切な対人距離が大きく異なってきます。この対人距離を含む対人空間学研究の第一人者であるホールは、相手との関係に

よって以下の4つのカテゴリーに分けています (Hall, 1966)。

密接距離：0cm ～ 45cm　（皮膚が密着し、相手の体温が感じられる距離
　　　　　からお互いの体にすぐに触れることができる距離。親密な会話
　　　　　を行える距離）
私的距離：45cm ～ 120cm（相手の表情を通して気持ちの変化がわかる。
　　　　　私的な会話を行うのに適した距離）
社会的距離：120cm ～ 360cm（相手の微妙な顔の表情まで見るのは難しい
　　　　　距離。仕事上や公的な場に適した距離）
公的距離：360cm ～ 750cm（相手を認識するのが可能な程度。個人的な関
　　　　　係は成立しにくい。講演会や演説会での舞台上のスピーカーと
　　　　　聴衆の距離）

　これらの距離はアメリカ中流階級の白人を調査の対象としているため、すべてのケースに当てはまるわけではないということを付け加えておきます。人間には自分が心地よいと感じる心理的な空間を侵されると、不愉快に思ったり不安に感じたりします。この心理的な空間、パーソナルスペースは人が移動する自分の身体に伴い動く空間を指します。一般的に人はパーソナルスペースを、背面は狭く、全面に広く取ります(渋谷、1990)。これには視線が大いに影響します。また、水平の対人距離だけではなく、上下関係、権力格差がある社会では垂直の対人距離も意味があると考えられます(桝本、2000)。
　このパーソナルスペースは空間における家具の配置の仕方、座席位置にも現れます。心理カウンセリングにおいては意識的に様々な配置が工夫されています。カウンセラーの専門家によると、北米では患者との間に机を置きある程度の距離を保つ場合が多く、また、イヌイットの人々は個人的なことを話す場合には向かい合わせよりも隣同士に並んで座る方が適している等、文化によりカウンセラーと患者の関係における空間の取り方の違いが報告され

ています (Sue & Sue, 1990)。もちろんこれは個人や関係性により異なる場合もあります。

　もしあなたが喫茶店で恋人とデートしている場合にはどのような位置で座るでしょうか。向かい合わせ、斜め向かい合わせ、隣り合わせなど様々なパターンがあると思いますが、あなたの場合はどうでしょう。またあなたの居心地のよさが相手にとって居心地がよいとは限りません。実際はどう座るかはあなただけではなく、相手との関係性の中で決まっていくことが多いでしょう。もしお互いに座り方に対する期待が異なりすぎていれば違和感を感じるかもしれません。

　また、仕事場における座席についてはどうでしょうか。あなたにとっては、ひとつのフロアに部署ごとに机を合わせていくつかの「シマ」をつくるのが快適でしょうか。それとも、壁にそって個人のオフィスとなる小部屋で仕事をする方が快適でしょうか。前者の場合は、隣向かいと仕切りがなく共有のスペースで仕事をしています。共同で何かをするのには適していますがプライベートな空間がありません。一方、後者の場合は個々の仕事のスペースが仕切られ、周囲からは見えないようになっています。

　後者の座席位置で仕事をする環境になれていた北米からの研修生が、日本に来て前者の座席位置のオフィスで仕事をすることになり、最初は常に監視されているようで仕事に集中できなかったといいます。数ヶ月して仕事や人間関係に慣れてくるとわからないことがあれば周囲の人を見て確認したり、周囲の人から声をかけてもらえるという利点を認識するケースが多くあります (Masumoto, 2000)。

　空間の使い方は、教育の現場でも重要な要素です。みなさんが教室というとき、思い浮かべるのはどのような配置でしょうか。近年では授業の形態も多様化しています。講義のみの場合、少人数のセミナー形式、生徒同士のグループ活動を行う場合、どのような座り方が最も適しているのかを考えていく必要があります。特にグループでのディスカッションを行う場合は、全員の顔が見渡せるよう、陰の部分ができないように工夫するだけでも、発言の

仕方に違いが見られます。教室での空間の使い方を考えてみましょう。

　講義式の教室では教師と生徒の役割が明確に分かれ、教師と生徒の相互方向の対話は少なくなります。一方的に知識を伝える、学ぶ、という点では効率的ですが、生徒間の対話もほとんどありません。ワークショップ式の場合、教師と生徒との立場が講義式よりも対話は多くなり、また、生徒対生徒での話し合いも行いやすくなります。人数により椅子を前後にならべ二重の円形にすることも可能です。この場合、背後列の生徒の授業への参加度は減少することが考えられます。バグーンが行った調査では、彼女の学生が最も好むのはU字型の配置で、これはワークショップ形式と似ているものです。理由として挙げられるのは、生徒同士での距離の近さと教師と生徒両方とのアイ・コンタクトが取りやすいことです(Burgoon, 2003)。

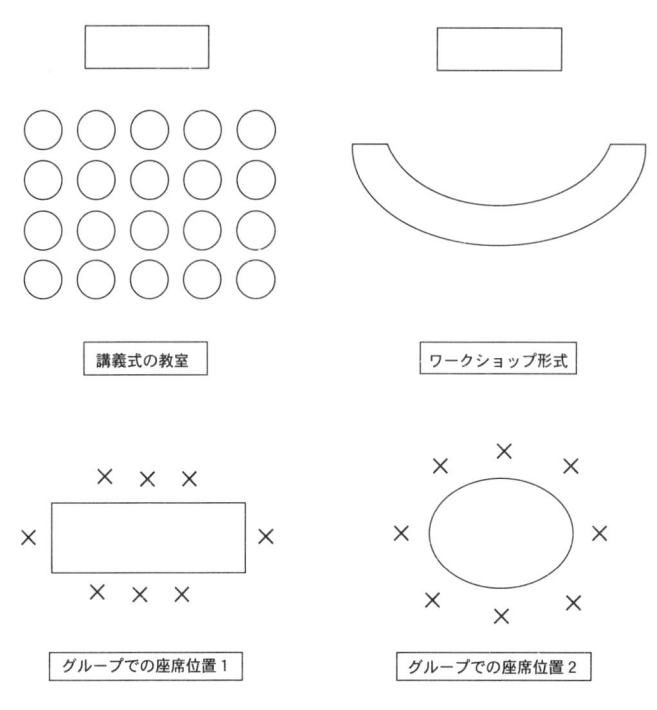

図2　グループワークと座席位置

少人数のグループワークを行うとき、その活動内容により異なりますが、話し合いを行う場合、均等な発言を促すためには、全員の顔が見渡せるように座席を配置することが必要でしょう。また、机やテーブルの有無により相手との距離が変わることも影響します。生徒同士でのグループワークの場合、［座席位置1］の場合、1人で座る位置、又は、3人の中心に位置する者がリーダーシップをとりやすくなります。リーダーが座る位置により他の生徒の参加度にも差がでてきます。リーダーシップを取りながらも比較的全員の距離感が均等にとれるのが［座席位置2］です。この場合、リーダーが非常に強い権力を持っている場合、例えば、教師の場合ではアイ・コンタクトの取りにくい両脇に位置する者の発言が少なくなると言われています。この座席位置は1人の決められたリーダーよりもファシリテーターを中心に活発な意見交換をするグループ活動に向いているでしょう。

　座席位置は、教育や仕事の場面のみならず、様々なところでその重要性が認識されつつあります。近年、市民参加型の地域社会作りが要望されています。以前のように地域の問題を一方的に住民から行政へ任せるという形式においては、会議室で住民が片側一列に、行政側がその向かい側に一列で座っていたことでしょう。このような座席位置では現在望まれている「市民参加型の」、「お互いの対話から生まれる」地域社会は達成することはできないことでしょう。座席位置を変えるだけで、例えば双方が交互に座ったりするだけでも、お互いに公式見解や一方的に要求を述べるだけのミーティングは避けられると思われます(加藤、2005)。

　政治外交の場合、2国間の交渉では長方形のテーブルでの対面式が多いですが、国際会議での数カ国間での話し合いの場合は楕円形や円形のテーブルを使用し、権力格差が目立たないような工夫もみられます。

　このように机や椅子の配置、並べ方に対してのちょっとした注意により人間の行動にも見えないところで大きな影響を与えています。

　大学の教育現場では、教室に限らず教員の研究室においても空間が大きなメッセージを発することがあるでしょう。教師が口頭では「オフィスは3階

です。何かわからないことがあればオフィスアワーに来てください」と言っても、生徒にとっては訪ねやすいオフィスとそうでないオフィスがあるようです。いつもドアが閉ざされたオフィスはノックをして入るまでちょっとした勇気がいるでしょう。また、オフィスの内側にドアを開けた教師が、廊下側にいる生徒との立ち話をすることが習慣化してしまうと「ゆっくりと話せない先生」という印象を与えているかもしれません。大きなテーブル、慣れない椅子に教師と対面式で座ると、さらに緊張することもあるでしょう。教師側は自分のテリトリーとして慣れている空間でも、訪ねてくる生徒側からするとオフィスに足を踏み入れることを躊躇してしまう要因がいろいろとあります。教師の人柄や尋ねてくる目的に加えて、空間の使いかたも沈黙のうちにメッセージを伝えているということです。

3　身体接触

　日本語教育の場面のみならず、日常生活の中でも「身体接触」は無意識なコミュニケーション方法の1つです。挨拶をする、肩を抱く、腕を組む、頭をなでる等、こうした相手との接触はあまりにも無意識に行われているため、ふだんあまり意識化されていませんが、重要なコミュニケーションの1つなのです。

　皮膚に触れる感触というのは人間の五感の中でも早くに発達するものと言われています。乳幼児期に人との接触を通して温もりを感じることの大切さは心理的にも、医学的にも認められています(マジョリ、1988)。人の体に触れることは人間の最も基本的なコミュニケーションの方法と言えます。撫ぜたり、やさしく背中を叩いたり、乳児の時は接触がコミュニケーションの手段となりますが、次第に成長するに従い言葉がその代わりをするようになります。同時に、どのような時に、誰を、どのように触れるのが適切なのかを社会のルールとして学んでいきます(桝本、2000)。一般的な日常生活では、男性が女性に対して、年長者が年少者を相手に接触し始める傾向があるとの

観察結果が報告されています(大坊、1998)。しかし、人間の本能的な接触の仕方には、それぞれの文化による影響が強く見られます。

　挨拶の場面を例に考えてみましょう。お辞儀で挨拶をするケースもあれば握手で挨拶をするケースもあります。この握手をすることに慣れた文化では、握り方の度合いによって相手を判断する材料にもなります。例えば、「これから一緒に仕事をしよう」と考えている時に、相手がいかにもよわよわしい握手をすると、無力型(dead fish)とされ、やる気がないとも受け取られ兼ねません。日本人の握手は欧米人に比べて弱々しい印象を与えがちといわれていますが、慣れていないとどのように握るのか、どのようなタイミングで握った手を離すのか、戸惑うことも多いでしょう。また、ビジネス以外でも相手の頬にキスをする友人同士の挨拶や、相手の顔に近づきまるでにおいをかぐようなしぐさをする中近東のような国々もあり様々です。大人から子供を触るのはどの社会でも見られることですが、これも相手との関係や触り方の暗黙の了解を認識していないと、誤解を招きます。家族でなくても訪問先の子供の頭を「かわいい」という意味で何気なく撫ぜたり、触ったりすることはよくあることでしょう。しかし、地域によってはその行為が宗教的にタブーとされることであり、縁起が悪いとして嫌がられる場合もあります。

　バーンランド(Barnlund, 1975)は日本人とアメリカ人大学生を対象に10代半ば頃にどの程度、父親、母親、同性の友人、異性の友人との接触行動があったのかを調査報告しています。日本人、アメリカ人男女ともに異性の親しい友人との接触部分が最も多く、次に、母親、同性の親しい友人、父親の順で接触行動が少なくなっているとしています。日本人とアメリカ人の学生の間で同様の結果が見られますが、全体的には日本人はアメリカ人よりも5割程度少ないという結果がでています。また、アメリカ人は異性の親しい友人と触れ合うことには抵抗が少なく、日本人は同性同士で体を触れ合うことには違和感を感じていないということが、さらに詳しい分析でわかっています。バーンランドはこの結果から、性別による接触度の違いよりも文化による影響のほうが身体接触の仕方を決定づける要因となっていると述べていま

す。日本人の接触行動が少ないことは、日本人は成長過程で親密さや愛情を体で表現する非言語により伝えることが幼児期以後急激に減ること、また、自分の内面を他人にあまり見せようとしないことが原因ではないかと考えられています(Barnlund, 1975)。ただし、これらはあくまで一調査の結果です。「自己開示」の捉え方も実験に参加した日米の学生で違う可能性も考えられます。また、時代と共に変化し、個人差や年代差も実際は見られるといえるでしょう。

　南米で育った北米アメリカ人の白人男性が、子供の頃アメリカ合衆国に帰国し地元の学校に通い始めた頃、よくクラスメートに背後から「ゲイ」とささやかれていじめられた経験があったそうです。両親共に北米出身ですが、南米にいた頃の習慣で学校に送ってもらい、校門で別れる時に父親はいつも彼を抱きしめてキスをしていたそうです。南米の学校では見慣れた朝の見送りの光景ですが、北米アメリカではもう10才ぐらいの子供が父親とそのように密着しているのを見て生徒達がからかったようです。

　「日本に来て、女性同士で腕を組んでいたら変な目で見られた」という留学生の声をよく耳にします。韓国や東南アジアでは、成人した女性でも仲が良い友達同士は腕を組んで歩くことがあります。ある韓国人留学生は日本人学生と友達になることを楽しみにしており、日本語もよくできる彼女は多くの日本人クラスメートと親しくなり、そのうちの1人とは特に自分の夢や家族のことも話し合える友達になったそうです。ある日、彼女が自然とその日本人女子学生の腕を取り歩こうとしたら、その学生の顔が一瞬こわばり、気まずい雰囲気がながれたそうです。他にも同様の例が、韓国人・日本人学生両方から報告されています。「何でも話し合える仲になったのだから腕を組んで歩くのが自然」、「手を払いのけられた時は自分を拒否されたようで悲しかった」、「2人の時は腕を組んでくれるのに、他の日本人学生がいると急によそよそしくなって冷たい」という韓国人学生と、「仲がよくても大人が腕を組んで歩くのは違和感がある」、「韓国の習慣とわかっていても、誰かに見られると勘違いされないかと心配」と言う日本人学生、両方ともそれぞれの

文化の習慣が頭ではわかっていても、友人として近づきたいという時にはこのような些細に見える接触行動が心理的な大きな壁を作ってしまうこともあります。

4　視線

「目は口ほどに物を言う」「ちゃんと目を見て話せ」「目を見れば言いたいことがわかる」等、目に関する表現は多くあります。それほど目はさまざまな表情を伴ってメッセージを伝えています。文化によりそれぞれ異なりますが、欧米では視線の時間量、即ち、アイコンタクトが多いほど、友好的、自然、誠実であると受け取られ、少ないと冷淡、防衛的、と否定的に解釈されるという結果がでています。これらの実験結果は社会的脈絡により、アイコンタクトが多くても敵対心があるという逆の解釈の仕方もあるので、それぞれの場面を考慮する必要があります。「人の話を聴くときは目を見るものだ」という表現が通用するところでは、初対面の人と仲良くなろうと思い話をしている時、相手のアイコンタクトが多いと、緊張もほぐれ、相手が興味を持ってくれているのかなと、自分の話にも自信が持てることでしょう。

大学の授業中に行った実験で、2人組みで話す時に、聴き手には予めアイコンタクトを取らずに話しを聴くように指示をし、それを知らない話し手にしばらく話をしてもらうと、ほとんどの学生が「相手が自分の話に興味がないのかと思い落ち込んだ」「自分が拒否されているようだった」「冷たい人だと思った」「話をするのがいやになった」という感想を述べています。このようにアイコンタクトは対人関係において重要ですが、特に、話し手が聴き手からのフィードバックを得るのに大切な役割を果たしています。

相手とのアイコンタクトは肯定的な印象を与えるというのが一般的ですが、それも相手との関係、状況、お互いの文化背景を考慮しないと、些細なことで相手を間違って判断してしまうことがあります。例えば、「人の話は目を見て聞きなさい」と言われて育った場合と目上の人の目を見ることは相

手に対して失礼だと言われて育った場合にはアイコンタクトに対する相手への期待度が異なります。日本語教育の場面や就職の面接場面など、こうした育ってきた背景による違いが相手への期待度の違いになり違和感を生んでしまうことが考えられます。例えば、相手の首もとばかり見ていると、「自信がない」と受け取られるかもしれませんし、アイコンタクトを意識しすぎると威圧的に見られるかもしれません。このような習慣の違いを認識しておく必要があるでしょう。

教育場面でもアイコンタクトは教師と生徒間のコミュニケーションに影響を与える場合があります。

例えば、次の場合はどうでしょう。

田中先生：宿題を誰かに手伝ってもらったの？
たかし(生徒)：………… （相手の目を見ずにうつむく）
(田中先生：目を見て話していないので正直に答えていないのだろう)
(たかし：いきなりこんなことを聞いて戸惑ってしまう。誰かに手伝ってもらうなんてこと考えてもいないのに)

教師が「相手の目を見て答えること」が相手への誠意の現れと解釈していたため、たかしさんが戸惑って相手の目をみなかったことを正直に答えていないと解釈してしまったのです。

自分が考えるアイコンタクトのあり方が相手が感じるものと同じでは無いということを認識しておくとよいでしょう。

5　周辺言語

目を逸らしながらボソボソと話す、声が大きく怒鳴るような話し方、早口、アクセントの付け方等、言葉としては意味を成さなくても、多くのメッセージを発話者が考える以上に伝えるのが周辺言語です。非言語コミュニ

ケーションのメッセージの中でも4割近くがこの周辺言語であると言われるぐらい、この分野が含む範囲は広いです。会話全体にも影響する、発話と発話の間やうなずきもこの分野に含まれます。例えば声の大きさは無意識な部分ですが、声量が大きかったり小さかったりするのも自分自身の基準と異なる環境に身を置いた場合、その違いを改めて認識することが多いでしょう。そして、それが時には誤解を招くことがあります。また、特に話している言語がわからないと、その声の声量やスピード、アクセントなど、声の調子が我々の判断を左右します。例えば、中国語を知らない日本人が中国語を聞いたとき、「喧嘩をしているように聞こえた」という話を聞いたことがあります。関西弁を聞きなれない人は、語尾にある強いアクセントのために、早口で関西弁を話す人に対して「乱暴な」という印象を持つこともあるでしょう。このように声の調子は、アクセントやスピードのために誤解をもたらしてしまうことがあります。

　日本語教育においてもこの周辺言語は大きな役割を果たしています。例えば悩みを抱えた学習者が相談に来たときに教師の態度として、次のどれが相談しやすいですか。

```
生　徒：先生、悩みがあるんですが。
教師A：どうしたの（早口で）
教師B：どうしたの（ゆっくりと）
教師C：どうしたの（大声で）
```

　同じセリフでも、スピードや声量を変えると相手への印象が異なってしまいます。早口で答えられるとせかされているように感じますね。また適度な音量でないと怒鳴っているように聞こえたりする場合があります。特に相談場面では、相談される側が、周辺言語に意識的になっておく必要があります。同時に相手の周辺言語にも敏感になっておく必要があるでしょう。例えば、低くぼそぼそした調子で話している場合には自信がない現れかもしれま

せんし、せかした調子の話し方は本人に余裕がない現れかもしれません。言語には現れていないことがこのような周辺言語から読み取れるかもしれません。(相談場面での非言語コミュニケーションは、「支援のコミュニケーション」の章でも改めて扱います。)

　沈黙というのはコミュニケーションが行われていないというわけでは決してありません。沈黙は様々なメッセージを伝えるものです。家族や長年知り合った人々との沈黙は心地よく感じる場合もありますが、それほど関係の深くない友達や初対面の人との沈黙は気まずい思いをすることが多いでしょう。

　授業の場合、生徒の発言の仕方にも違いがでてきます。例えば、「先生の言うことを聞く」という習慣で育った人は、「積極的に質問する」という環境で学ぶ場合、違和感を感じるかもしれません。ある一定の長さの沈黙を心地よいと感じる人もいれば、その沈黙が「消極的である」「反抗的である」「理解しようとしていない」と感じる人もいるでしょう。

　発話のタイミングの違いは討論する時に発言の回数や討論の決定権にも影響してきます。例えば、前の発言者が話し終えるか終えないかのタイミングで話し始める会議もあるでしょうし、複数の人が同時に話すような討論もあるでしょう。前の発言者が話し終えてしばらく沈黙の後、次の発言をするような討論もあるでしょう。発話のタイミングの違う人々が重要な決定事項のためにミーティングをするとどうなるでしょう。活発な討論ができないと物足りなさを感じる人もいるでしょうし、黙って何も言わない人をやる気がない人と見るケースもあるかもしれません。沈黙は、発言のタイミングや会話の流れにも影響し、相手とのコミュニケーションのリズムを作り上げていきます。

　日本語教育にかかわらず、日常的な教育場面でも、学習者がまだ話し終わらないうちに「〜ということね」と先取りしてしまう教師をよく見かけます。相手が何か言おうとするときに、「待つ」ための沈黙は重要といえるでしょう。

沈黙に対する考え方はホールのいう文化とコンテクストの関係にもつながりがあるといえるでしょう (Hall, 1976)。コンテクストとはコミュニケーションが起こるすべての背景や状況であり、このコンテクストをどのくらい考慮するかは文化により違いがあると言われています。つまり、コミュニケーションを行うときに、言葉そのものよりも相手との関係、非言語的メッセージ、場所、状況等から総合して相手の意図を汲み取ろうとする度合いが高いか、コンテクストよりも言葉による明確なメッセージに頼る割合が大きくコンテクストを考慮する度合いが低いかです。

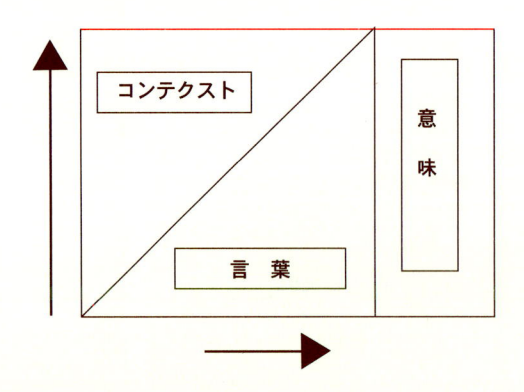

(図3：高コンテクスト・低コンテクスト、Hall, E.T. 1983, p.61 を参照に著者の許可により作成)

　コンテクストの度合いが高いほど、言葉で表現しなくても相手のメッセージの意味がわかります。コンテクストの度合いが低い文化では言葉で正確に表現することが要求されます。日本やアジア諸国はこのコンテクストに頼る度合いが高いと言われています。その場所や相手との関係によりコミュニケーションの内容がある程度限られるので言葉で表現する量は少なくなります。また、メッセージを理解するには、それを発する話者だけではなく、少ない量の言葉から相手の意図することを理解する聞き手の役割分担も大きくなります。「察し」の文化とも言われることからも理解できるでしょう。アメリカや北ヨーロッパはより正確に言葉で伝えることが重要とされます。

高・低コンテクストの度合いを決めるのは文化的な要因が強いですが、もちろん、低コンテクストの文化でも長年連れ添った夫婦や友人とのコミュニケーションではすべてを言わなくても理解し合えるというコンテクストに頼る度合いが高くなっていると考えられます。

　文化によりコンテクストと言葉の表現に頼る度合いの違いは、話し手と聞き手の役割にも影響してきます。高コンテクストの文化では様々な情報を言葉以外のものからも理解して相手の言おうとしている意図を理解する聞き手としての役割が期待されます。一方で低コンテクストの文化では、できるだけ相手に自分の意味することを正確に理解してもらえるようにメッセージを明確に言葉で表現する話し手の負う責任が大きくなります。上司や教師からの指示はいつも明確な言葉で受けることに慣れている人が、相手の意図することを汲み取って行動する文化にいくと戸惑いがおこるでしょう。また、その逆についても、なかなか自分の意図することを言葉で明確に表現することに慣れていないと、相手に理解してもらえず、誤解も起こることになります。

　周辺言語でもう1つ大切なことの1つに挙げたいのは、あいづちの打ち方です。非言語ということで、言葉で相手にフィードバックをするところまでは含みませんが、相手の話にしたがい、「うん、ふぅーん」とタイミングよく入れるあいづちがあるとないとでは会話の進み方も変わってきます。あいづち、うなずきとも言いますが、面接官のうなずきと志願者の発言時間が対応していることから、あいづちは発言を促進する効果が認められています。フィードバックと違い、あいづちは相手の話をさまたげることなく、相手の話に関心をしめし、相手を承認しているという意味を伝えます(大坊、1998)。

　あいづちは相手の話を聞いていると自然と出てくるものですが、久保田(2001)はあいづちのない外国人生徒を前にして違和感を覚えた日本人教師の例をだし、日本語教育の一環としてとりあげる必要があると述べています。また、日本語教師自身も自分のあいづちのうちかたを意識しておく必要があるのではないでしょうか。よくあいづちをうちすぎている教師を見かけます

が、また、かえってあまりうちすぎると相手を急かしているような印象を与えてしまいます。全くないと聞いていないような印象を与えてしまうかもしれません。次の会話を見てください。あなたはどのように感じるでしょうか。

春子：先生、この前、旅行で京都にいったんだけど。
教師：あらそう、京都なの、いいねえ。
春子：友達と一緒に。
教師：そう、よかったねえ。
春子：一緒に新幹線でいったんだけど。
教師：そうなの。
春子：人がたくさんいて混んでいました。

　この教師は、あいづちをうちすぎているため、学習者はなかなか自分の思うように話をすすめることができません。このようにあいづちをうちすぎてしまっているケースもよく見られます。
　あいづちをどのようなタイミングでどのくらいの回数を入れていくかは、言語によるものが多いです。自分の母国語も含めてその特徴を認識しておく必要があるでしょう。

6　時間の概念

　非言語コミュニケーションの中でも特に「見えない」ものですが、対人関係においては雄弁にメッセージを伝えるものです。友達との待ち合わせには5分や10分遅れても平気な人でも面接試験には余裕を持って早めに必ず行くように計画するでしょう。「5分前行動」というルールを決めている学校も見られますが、これは集団行動の集合時間よりも少し早めに行くことがマナーとされているという意味です。時計の時間は地球上どこでも共通です

が、人々の考える「時間」は様々です。時間の観念が異なると交通機関のスケジュールや集合時刻などの感覚の違いに戸惑う場合があるでしょう。待ち合わせの時間の表し方を、「太陽が頭の上を超えた頃」としているような地域もあります。

　文化による時間の捉え方の違いを研究したホールは、モノクロニックタイムとポリクロニックタイムという概念を紹介しています(Hall, 1983)。モノクロニックタイムに属する文化圏では、1つのことを充てられた時計どおりの時間の流れでこなしていくことです。例えば、ビジネスではアポイントは一人ずつ、30分おきで、というようにスケジュールが時計に従い組まれていきます。ポリクロニックタイムとは、人間関係重視で1つの時間帯に複数のことを同時進行させることが見られます。ビジネスの例でも、何人かのクライアントがオフィスで鉢合わせしているという光景も珍しくありません。誰かとミーティング中であっても長い付き合いの人から電話が入ると折り返し電話をすることなしに、話し続けることもあります。ホールはこの時間概念は空間の感覚とも密接な関係があるといいます。モノクロニックの文化圏では、1つの用件と割り当てられた時間帯に、その相手だけのためのオフィスなどの空間で会うのに対し、ポリクロニックの文化圏では、オフィスの中に様々な用件を持った人々が数人うろうろしているという状況もあります。文化による時間と空間の密接な結びつきに慣れるのには時間がかかると言われています。

7　シンクロニー(同調動作)

　コミュニケーションにおけるさまざまな非言語コミュニケーションをみてきましたが、対人関係において注目すべきなのがシンクロニー、同調動作です。旅行から帰ったばかりの友達が目を輝かせながら興味深い話をするのを聴いていると、思わず身を乗り出していたことはありませんか。また、初めてのデートでカフェに座って話をしているとお互いに姿勢がよく緊張が伝

わってくることはありませんか。シンクロニーについては、ウィリアム・コンドンが人間の発話とジェスチャーの動きが一致していることを紹介しています (Condon, 1975)。これは自己同調動作というものです。例えば、「止まれ」というとき、それに伴う手のしぐさやまばたきなど、同時に動きます。映画やテレビドラマで吹き替え版は何か違和感があるので、オリジナル版で字幕付のものを好むという人が多いともいわれています。これは、吹き替えでは自然な自己同調動作が見られないことが原因といわれています。

　人と人との間におこるシンクロニーは対人関係に大きく影響します。人はそれぞれがリズムを持ち、お互いのリズムがシンクロニーすることでまるでダンスをしているようだといいます。このダンス、言いかえれば、そのときの会話や人間関係全般がうまくいくかどうかはこのシンクロニーの調子によります (Hall, 1983)。

　シンクロニーは動作にも見られます。モリス(1991)によると、人々は親密であったり共有する話題があると無意識的に動作が似てきます。これを姿勢反響といいますが、カフェで1人がコーヒーカップを持ち上げると相手もコーヒーを飲み始める、1人が姿勢を崩し椅子にもたれかかるともう1人も姿勢を崩しリラックスをする、という光景が見られます。モリスはこの理由として、同じような社会的地位の友人同士だから可能だとしています。しかし、逆に地位の優位なものが相手の動作にあわせることで相手を安心させることにもなります。セラピストが不安がる患者に近づくために彼と同じような姿勢や動きをすることで、相手をリラックスさせる効果があるといいます（モリス、1991）。

　授業は予定通り終わったけれども、教師側も生徒側も何かしっくりとこないという印象を受けることはないでしょうか。これもシンクロニーが関係していることが考えられるのではないでしょうか。質問のタイミング、話の聞き方、相手のリズムに合わせた話し方、一方だけが緊張した、又は、リラックスした姿勢、さまざまな非言語コミュニケーションを考える根底にこのシンクロニーがあります。

この章では非言語コミュニケーションの一部を取り上げてきましたが、その他にも歩き方、顔の表情の表わし方、ジェスチャー、など、私達が感覚的に「当たり前」ということが全く違ったメッセージを伝えることが多くあります。相手をすぐに判断するのではなく、間を置いて客観的に考える習慣をつける必要があるでしょう。そして、自分が持っている感覚というものがどのようなものなのかも認識していく姿勢が大切です。

実践してみよう！

1 いろんなことが見えてきた！
キャンパスの学食やカフェで、2人以上で座っている人々を観察してみましょう。顔の表情、服装、姿勢、しぐさ、距離の取り方、接触の有無、動作が周囲の人々と同調しているかどうか、気がついたことを書きとめてみましょう。観察する時はさりげなく、じっと見つめることなしに見るようにしましょう。

2 場所が変われば気分も変わる
授業やミーティングをする時の座席位置をいつもと違うものにしてみましょう（講義式であれば、U型へ）。発言、行動、などに変化はありましたか。

3 心地よい関係？
2人組みになって自己紹介や簡単な会話をしてみましょう。このとき、1）向かい合わせで立つ、2）横並びに立つ、と2種類を行いましょう。向かい合わせと横並びでは距離に変化はありましたか。また、どちらの方がより話しやすかったでしょう。理由も考えましょう。

4 私の趣味は…
3、4人の少人数のグループになり、1人に自分の趣味について話をして

もらいます。残りの聞き手の人はなるべく話者とアイコンタクトを持たないようにします。話者はどのように感じたでしょうか。また、逆(話者がアイコンタクトをとらない)も行いましょう。

5章　対人コミュニケーション
人と人が関わり合うということは？

(キーワード：欲求、対人関係構築、対人コミュニケーション能力、自己モニタリング能力、エポケー、傾聴)

1　対人コミュニケーションとは

　コミュニケーションは自己内でおこるもの、小集団、組織間、国際間など様々なものがあることは序章で触れましたが、対人コミュニケーションとは、「二人をベースに対面して行う言語および非言語によるコミュニケーション」(久米、1993)とされています。対人コミュニケーションの研究対象には、対人関係の成立や発展、解消、コミュニケーションスタイル、コミュニケーション能力の研究等が挙げられます。

　私たちは、他者と出会い、他者とのコミュニケーションでの相互行為から様々な影響を受けていきます。理解し合うこともありますが、時にはぶつかり合いもあり、誤解もあります。誤解していると思い込んでいるだけのこともあります。人間はその名の通り「間」的存在であり、人と人の「間」を結ぶコミュニケーションを通して「人間」となっていくといえるでしょう。そういう意味で、対人コミュニケーションは、人がまず他者と出会うためにはなくてはならないものであり、小集団コミュニケーションや組織コミュニケーション、国際コミュニケーションの基本になるものといえます。教室や会議、シンポジウムのようなどんなに多くの人とのコミュニケーションで

あっても、ネットワークづくりでも、基本は1対1のコミュニケーションなのです。コミュニケーションの様々な問題を考えるとき、たとえそれがどんなに大きなレベルの問題であっても、解決の第一歩は、まずは「他者と向き合い」コミュニケーションすることであるといえるでしょう。どんなに大きなコミュニケーション上の問題が起きたとしても、1対1のコミュニケーションという基本に立ち戻ったとき、解決の糸口が見えてくるに違いありません。

では、対人コミュニケーションにはどんな場面があるでしょうか。皆さんの身近な生活ではどうでしょうか。対人コミュニケーションの場面をできるだけ多く挙げてみてください。

・電話での会話
・テレビでのインタビュー番組
・見知らぬ人と電車で席を譲り合うときの会話
・学会での質疑応答
・医者と患者の会話
・店の人と客の会話
・相談場面での会話

こう見てみると、私たちは日常生活の中でいかに多くの対人コミュニケーションを行っているかということに気づきます。ここで注意したいのは、対人コミュニケーションは決して話し手だけで成り立つのではないということです。聴き手との共同作業があってはじめて成り立つといえるでしょう。そういう意味で、対人コミュニケーションは、常に双方向の共同作業といえます。

本章では、対人コミュニケーションを、特に日本語教育とも関わりの深い対人コミュニケーションと欲求、対人関係発展、対人コミュニケーション能力という側面から考えていきたいと思います。

2 対人コミュニケーションと欲求

　人はなぜコミュニケーションするのでしょうか。このことは、人間のもつ欲求がどのようなものであるかということとも関係があります。欲求はコミュニケーションの動機づけを与えるものの一つといえるでしょう。例えば、「相手に理解してもらいたい」という欲求からコミュニケーションする場合もあるでしょう。

　マズロー (Maslow, A., 1970) は、人間の欲求には次のような段階があり、ピラミッドのような階層の形で示しました (Napier, R.W. and Gershenfeld, M.K. 1999)。まず一番下にくる基本的なものとして、生理的欲求が挙げられ、次いで安全の欲求、帰属の欲求、自尊の欲求、自己実現の欲求の順としています。例えば生理的欲求は生命を安定させるための睡眠、排泄、食事などが挙げられます。帰属の欲求は何かグループや組織等に所属して集団の一員として認められたいという欲求です。自尊の欲求は他の人から自分の能力等を認めてもらいたいとする欲求です。自己実現の欲求は、自己の夢を実現させようとする欲求です。例えば、身の安全が危ないような危険な状況では、まず自分の生命を安定させることが第一で、自己実現や自尊の欲求を満たすほどの余裕はなかなかないでしょう。ただ、これはあくまでも１つの仮説で、もちろん個人差もあり、必ずしもこの順番でもなく、またすべてのケースに当てはまるというわけではないと思いますが、欲求を満たすということと対人関係を築くためにコミュニケーションを行うことと関わりを持っているということが示唆されているといえるでしょう。以下は、歌手スティービー・ワンダーへのインタビュー記事です。

　「このアルバムがヒットしなかったら悲しくなるだろうか？ノー。すごいハッピーでしょう。それは私がベストを尽くしたから。世の中に受け入れられたら幸せだけれど、世間は私を壊すことはできない。自分がしたいことにベストを尽くすという私の信念は、ヒットしてグラミーをとりたいという私の欲望より、大きいんです。」(朝日新聞　2005,11,23)

これは、他人に評価され、認めてもらいたいという自尊の欲求よりも自己実現の欲求の方が大きいということを表現しているケースといえるでしょう。

```
         自己実現
          の欲求
        自尊の欲求
       帰属の欲求
      安全の欲求
     生理の欲求
```

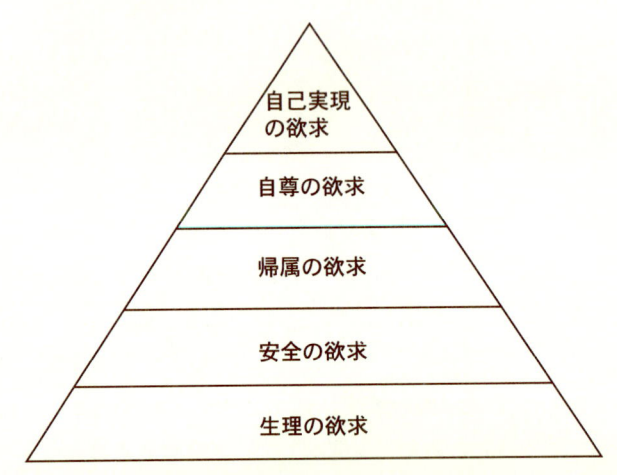

図4　マズローの欲求(Napier & Gershenfeld(1999)をもとに作成)

また、シューツ(Schutz, W.,1980)は、対人コミュニケーションを充足させるのに「参加の欲求」「愛情の欲求」「管理の欲求」がある、としています。例えば、何かパーティーやグループに参加したい、あるいは他の人も一緒に参加してもらいたいというのは、参加の欲求です。愛情の欲求は、自分が誰かを愛したい、あるいは愛されたいとする欲求です。管理したい欲求とは、自分が相手を管理したい、あるいは管理されたいという欲求です。例えば、何か意思決定するときに、「人に任せっぱなし」あるいは「自分が決めないとすまない」という人は一見正反対に見えますが、どちらも管理の欲求が強いのです。こうした欲求は、日常の対人関係にも影響を及ぼす可能性があります。例えば、どちらも相手を管理する欲求が強いと、ふたりとも「自分が決めないとすまない」ため、どちらも譲らずなかなか意思決定することができないでしょう。しかし、一方が「相手を管理する欲求」、もう一方が「相手から管理される欲求」が強いと、「○○にしない？」「そうね」という一方

向的なコミュニケーションが固定化し、二人の間が一方向的な関係になってしまう可能性があります。特に教師をしていると「相手を仕切ったりする」管理する欲求が強くなってしまう傾向があるのではないかと感じます。自分自身がどのような欲求が強いのか客観的に意識し、相手と双方向のコミュニケーションをしながら対等な関係を築いていこうとすることが大切ではないでしょうか。

3 対人関係発展とコミュニケーション

3-1 対人関係発展の理論

　職場や学校で人間関係に悩んでいる人が多いということがよく最近の新聞記事でも話題になっています。これは対人コミュニケーションがうまくできない人が増えている、という意味にもとることができます。では、対人関係を発展させるということはどういうことでしょうか。どのようなプロセスがあるのでしょうか。

　対人コミュニケーションは、人と関係を築いていくダイナミックなプロセスです。私たちは、多くの人と出会い、関係を築いていきます。中には関係が途中までしか築けなかったり、関係を築いても崩壊してしまう場合もあります。しかし、それも一種の関係の築き方ともいえるでしょう。あなたは、これまでどのような空間、時間の中で人と出会ってきましたか。出会いの場は不思議な縁の織りなす空間ともいえます。小学校のクラス替えや、席替え等のように新しく出会う機会に満ちた空間もあれば、キャンプのように開放された空間の中で出会うケースもあるでしょう。しかし、お互いに出会ってもコミュニケーションを行わなければ関係が構築されず相手の存在すらわからないままでしょう。そういう意味で、対人コミュニケーションは、人と関係を構築していくための第一歩といえるでしょう。

　対人コミュニケーションの研究領域の1つに「関係理論」(relational communication theory)があります。これによれば、人間は対人コミュニ

ケーションを行うことによって他者との関係を確立し、維持し、変化させるとともに、関係自体が人間のコミュニケーションの性質を決定するというものです(平井 1993)。リトルジョン (Littlejohn,1989) によれば、この理論そのものは 1930 年代にベイトソン (Bateson) によってつくられたものとされています。リトルジョンは、関係理論は次の 4 点の考えかたをベースにしているとしています。1)関係性は、常にコミュニケーションと関連しており、分離させることは不可能である。2)関係性のあり方は、メンバーの間のコミュニケーションによって決められる。3)関係性は、普通は明示的というよりは非明示的に決められている。4)関係性はやりとりの過程を通じて時間と共に発達していく。つまり、コミュニケーションと「関係性」は深く関わりがあり、関係性そのものも固定的ではなく常に変化していくプロセスであるという捉え方をしているのです。

　では、対人関係の築き方はどのようなプロセスがあるのでしょうか。あなたはこれまでどのように人と出会い、どのように関係を維持、発展させてきたでしょうか。ちょっと考えてみてください。これまでの人との出会いのきっかけについて思いつくものを書き出してみてください。

　たまたま懇親会やパーティーで人に紹介されたことが出会いのきっかけになったりする場合もあります。そして、出会った人とその時限りではなく関係をもし維持していたとしたらどんなふうに維持、発展させてきたでしょうか。相手がどんな人か様々な質問をしたり名刺を交換したり相手の言動を観察したりして相手がどんな人か様子をみたり相手との関係を試したりする場合もありますね。人によってはそのように慎重にならずにすぐに相手と個人的な話題を打ち明けたりする関係を築いていく人もいますね。もちろん、うまく維持できる場合だけではなく、しばらく連絡をとらなかったらそのまま関係が中断してしまったことや相手とメールでやりとりしていて誤解が生じてしまいそのまま関係が修復できなかった、といったこともあるかもしれません。対人関係の築き方は様々ですが、関係構築にせよ、関係の崩壊にせよ、コミュニケーションが大きな影響を及ぼしているといえるでしょう。

5章 対人コミュニケーション 89

　対人関係の発達は、開始、維持、解消というプロセスがありますが、リトルジョン(Littlejohn, 1989)はそれぞれの段階の代表的な理論として、対人魅力(interpersonal attraction)、社会的浸透(social penetration)、関係解消(relational dissolution)の理論を挙げています。対人魅力は人と出会った時の最初の印象等、社会的浸透とは、対人関係を築いていく中で親密さが深まっていく過程、関係解消理論は関係解消の方向性やストラテジー等について扱っています。
　ナップ(Knapp, M., 1978)は対人関係の発展、崩壊には、次のような段階があるとしています。まず対人関係の発展には次の5段階がある、としています。
　①出会いの段階　②実験の段階　③関係強化の段階　④統合の段階　⑤結束の段階
　「出会い」は人と出会う段階、「実験」は自分と相手との関係を相互に「探り合う」段階、「関係強化」は表面的ではなく相互に信頼関係を結んでいく段階、「統合」はそれが当人だけの信頼関係ではなく、周囲の人間に対しても親密さを露呈できる段階、「結束」は更に進んだ段階で二人の関係が社会的にも正式なものとなる段階としています。そして、人間関係崩壊の過程には次の5段階があるとしています。
　①食い違いの段階　②制限の段階　③沈滞の段階　④回避の段階　⑤終結の段階
　「食い違い」はお互いの共通点より相違点に注意が向けられる段階、「制限」はコミュニケーションの量、質とも限られたものになる段階、沈滞は気軽なやりとりがなくなり沈滞してしまう段階、回避はお互いを避ける段階、終結は関係を終結させる段階、とされています。もちろん宮原(1992)も指摘しているようにこれらはそれぞれがはっきり区切られているわけではなく、いったりきたりする場合もありますが、この説明は人間関係がどのように発展していくのかをわかりやすく段階に分けて説明したものといえます。
　ただ、筆者は、ナップのモデルをもう少しそれぞれの段階について詳しく

みると、実際の場面では、対人関係の構築は、実際には、出会いの段階→実験の段階→関係強化の段階→統合の段階→結束の段階とスムーズにいくだけではなく、それぞれの段階で、行ったり来たりしながら、葛藤や食い違いや制限、沈滞や回避も見られるのではないかと考えます。例えば、それぞれの段階の間に葛藤や食い違い、制限、沈滞、回避などがあり、それをのりこえてまた次の段階でも葛藤が見られる、というように一直線というよりはむしろ螺旋状に複雑に発展していくのではないでしょうか。

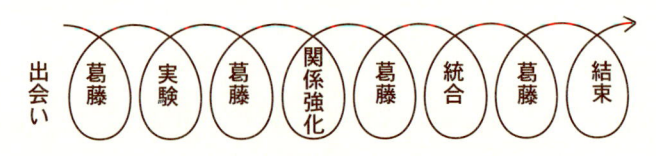

図5 対人関係発展モデル（著者作成）

　そして、実際の対人関係の構築には、何気ない言葉も相互に影響を与えているということに気づく必要があるでしょう。落ち込んでいるときに励ましてもらったことが相手との関係強化に結びつく場合もあるかもしれません。例えば、落ち込んでいるときに、メールで一言「大変でしょう。」と書き添えてあるだけでも受け取る側の気持ちが違いますね。このようなささいなことがきっかけで、関係が強化されるかもしれません。教師と学習者の関係も、ちょっとした教師の一言で学習者との関係に与える影響が（教師が考えている以上に）大きいといえるでしょう。不安な状況の学習者に対して、「大丈夫」という一言が、学習者を支えるきっかけになることもあるかもしれません。ポジティブな言葉を発すればポジティブな関係を築けます。
　また、「実験の段階」では相手のささいな言葉により敏感に反応してしまうかもしれません。「実験の段階」では、自分が相手に対して試したり、様子を見たりすると思いがちですが、実は相手も自分のことを同じように試したり様子を観察しているのです。

この関係構築はAさんがBさんに出会うという一側面の現象ではなく、同時にBさんもAさんに出会っている双方向的なものであり、共同でつくりあげているプロセスなのです。例えば、日本語教育での出会いも、教師が学習者と出会うだけではなく学習者は他の学習者と出会い、学習者は教師と出会っているのです。そして双方向に影響を及ぼし合いながら関係を構築しているのです。

3-2 対人関係の問題解決

自分自身が対人関係でつまずいた、と思ったとき、この対人関係構築のプロセスを冷静にふりかえることがまず大切ではないでしょうか。では、対人関係につまずいた、と思ったとき、どのようにふり返ればよいでしょうか。例えば、「Aさんは最近とっつきにくい」と思っている場合を挙げてみましょう。

◇ステップ1　相手のどのような行動が「とっつきにくい」と思う原因か複数挙げてみましょう
（1）会って話しても個人的なことを話題にしない
（2）メールを送っても返事がこない
（3）授業が終わるとすぐ帰ってしまう
（4）一緒に話しているとき態度がよそよそしい
☆ここでは、たくさん出してみましょう。

◇ステップ2　1で挙げた相手の行動それぞれに対して、自分なりに感じた原因と相手の立場からの原因の双方を複数考えてみましょう。このときに、「とっつきにくくて嫌だ」という感情は脇に置いておいて、原因をできるだけ多様な視点からたくさん考えてみましょう。
以下では、（1）のケースを考えてみましょう。Aさんの立場、自分の立場、状況、など様々な視点から考えてみましょう。また、一時的な現象

なのか、そうでないのかも含めて考えてみましょう。そして、1つの原因と思い込んでしまっていなかったかどうかふりかえってみましょう。

（1）Aさんに会って話しても、個人的なことを話題にしない原因

1）Aさんは、自分に対して何か不満で自分と距離をおきたいと思っているため。
2）Aさんは忙しくて、個人的な話題を話す時間がないから。
3）Aさんは個人的に相手と一定の距離を置いたつきあいを好んでいるから。
4）Aさんはあまり相手のプライバシーに入り込みたくないと思っているから。
5）Aさんの気分があまり個人的なことを話す気分ではなかったから。
6）Aさんは個人的な話題をあまり好まないから
7）Aさんと出会った状況が、あまり開放的で個人的な話題を話す状況でなかったから。
8）自分がAさんに個人的なことを話題にすることを期待しすぎているのかもしれないから。

1）は自分に原因があるとしているケース、2）から6）は、Aさん自身やAさんを取り巻く環境に原因があるとしているケース、7）は置かれた状況に原因があるとしているケース、8）は、自分自身の期待に原因があるとしているケースです。

視点を変え、幅を広げて原因を考えることで、「悩み」と思っていたことが、「悩み」ではなくなる場合もあるでしょう。また「自分に原因がある」と悲観的になっていた人も広い視野で捉え直すことで、解決の糸口を考えだすことができるでしょう。また、感情を入れないで原因をできるだけ記述することで、思い込みにとらわれず、相手(状況)を冷静に受け入れることができます。

また、自分と同様相手自身も自分の影響を受けているという視点も大切か

と思います。また、多少の葛藤があっても、長い目で捉え、対人関係を構築していく中の1つのステップとして捉える意識を持つことが解決の糸口になるのではないでしょうか。

　教育場面でこのような対人関係の悩みを抱えた学生の相談を受けたときには感情を入れずに、できるだけ様々な視点から行動、原因を考えるように助言し、本人が解決を考えていけるよう側面からサポートしていく事が大切ではないかと思います。

4　対人コミュニケーション能力の育成

　対人コミュニケーション能力については、これまで異文化コミュニケーションの分野でも多くの定義や研究がなされています (Martin, J., 1993, Hymes, D., 1974, Spitzberg and Cupach, 1984, Wiemann and Kelly,1981)。

　宮原 (1992) は、「対人コミュニケーションにおいて私たちが自分の目指す目標を達成し、かつ相手との人間関係を維持、発展させていくために必要な知識とそれを実践に移す能力を意味する」と定義しています。ここでは、宮原の定義を踏まえた上で、環境や他者との相互作用という面も加え、対人コミュニケーション能力を「環境や他者との相互作用を通じて対人関係を維持、発展していこうとする能力」と捉えたいと思います。またここでは、能力を知識というよりは運用するための実践能力という意味で用いたいと思います。

　能力を考える際、まず、コミュニケーションそのものを相互に影響を及ぼし合う動的なプロセスと捉えることが基本になります。ある著名なピアニストが、コンサートの前の練習場面で、初めて弾くピアノでうまく音が出せず、だんだん弾いているうちにすばらしい音が出来上がってきたという話を聞いたことがあります。最初からその人に能力が固定的に存在しているのではなく、ピアノとピアニストの相互作用があって音が「つくられて」いくのです。コミュニケーション能力の意味を考えるとき、最初からある能力が固

定的に完全な形で存在しているというよりも、試行錯誤しながら参加者同士の相互作用を通じてつくりだされ、育成されていくものと考えられるでしょう。

　では、日本語教育や日々の生活の中でどのようなコミュニケーション能力が必要でしょうか。ここでは、相互作用という観点から、特に日本語教育の場面に焦点を当てて、話すときのコミュニケーション能力だけではなく、聴くときのコミュニケーション能力についても扱っていきたいと思います。

4-1　わかりやすく話す

　まず、相手に伝えるときに、「わかりやすく伝える」ことが大切です。

　もし、あなたが自宅から通っている学校(職場)までを説明するとしたら、どのように説明しますか。次の花子さんの説明を聞いてみましょう。

> まず自宅を出ると前に郵便局があるので、そこを右にまっすぐいきます。15分ぐらい歩くと交差点にでるので、そこをわたって左にいくと公園があります。公園を通り抜けると学校があります。

　さて、この説明でわかりましたか。実際筆者が大学生の授業でこれをもとに地図を描かせたところ、様々な地図が出来上がりました。「郵便局があるので、そこを右にまっすぐいきます。」と言われても、郵便局を正面にみて右なのか郵便局のところを右に曲がるのかわかりませんね。「交差点にでるので、そこをわたって左にいく。」とありますが、それも曖昧ですね。どの立場に立って説明をしているか相手と共有していないと、全く反対の方向を想像してしまうかもしれません。自分自身が頭の中でわかっていると思っても相手が同じような理解ができるとは限りません。自分の中には既に出来上がった地図をもっていたとしても、相手にとっての地図は、最初は真っ白なのです。聞き手の立場に共感しながら相手と一緒に歩くように伝えていくことが大切なのではないでしょうか。例えば「郵便局を正面にみて右にまっす

ぐいく」と説明した方がわかりやすいでしょう。

　また、相手も理解できているだろうと思い込んで、プロセスを省略した伝え方も相手には伝わりにくいものです。例えば意見を述べるときに根拠や理由なしで述べられると唐突すぎてうまく伝わらないでしょう。道案内されていてもどのようなルートで歩いているのか理解できないと不安になります。また、話し手しか知らない専門用語や言葉を用いると、相手と意味が共有できないため、疎外感を与えてしまい相手との関係が切り離されてしまいます。

　また、相手にわかりやすく伝えるために、話す内容の順を全体から部分へ、あるいは部分から全体へ、と流れをつくるとわかりやすく伝えることができます。

　相手と一緒に歩いているイメージを思い浮かべるのが大切ではないでしょうか。つまり、コミュニケーションすることによってイメージを共有していくのです。それが共感のコミュニケーションにつながっていくと思います。

4-2　自己モニタリング能力—コミュニケーションを意識化する

　自分自身のコミュニケーションについて意識していく力も必要です。自分自身がどのようなコミュニケーションをしているのか、どんなスタイルで話そうとしているのか、自分自身のコミュニケーションを相手との関係の中で意識していく力です。そのためには、自分自身のコミュニケーションや相手との関係を常に客観的に捉えていく視点が必要でしょう。例えば舞台で演じている自分を、もう1人の自分が客席から見るという視点です。別の言葉におきかえれば、自分自身のコミュニケーションや相手との関係をモニタリングする能力です。ちょうど話している自分をビデオで映すような視点です。

　そして、自分自身だけではなく、舞台全体がどのような相互作用がおこっているのか、コミュニケーションの場全体を意識化し、観察する視点も必要でしょう。

　自分自身や会話全体がどのようなコミュニケーションのレベルで話しているかについて、次の点からふりかえってみましょう。

1) 目的達成を重視しているのかプロセスを重視しているのか
2) 事実のレベルか感情のレベルか
3) ハイコンテクストかローコンテクストか(4章「非言語コミュニケーション」参照)

1) 目的重視型かプロセス重視型か

> 佐藤さん：では、様々な意見が出てきたのですが、あまり時間もございませんので、このプロジェクトを予定通りの予算で実行するということにしたいと思います。
> 鈴木さん：え？そういう風に決めるのですか？いろいろな反対意見も出ましたし、もう少しじっくり話し合って決めてはどうですか。折衷案もあると思いますが。

佐藤さんは、とにかく時間内に与えられた目的(プロジェクトを予定通り実行するかどうかについて決める)を達することを重視しています。一方、鈴木さんは、話し合うプロセスそのものを重視した意見を述べています。早急に目的に達成するのではなく、反対意見が出ていることを配慮し、議論のプロセスそのものを重視してじっくり話し合っていこうとしているのです。

2) 事実のレベルか感情のレベルか

次の会話を見てください。佐藤さん、鈴木さんの話し方のスタイルはどのようなスタイルでしょうか。

> 司会：今度のプロジェクト案に対する意見をお願いします。
> 佐藤さん：人件費が少しかかりすぎではないでしょうか。
> 鈴木さん：とても面白いと思います。

司会の人は、意見を聞いているのですが、それに対して佐藤さんは、事実のレベル、鈴木さんは感情のレベルから意見を述べています。このようにお互いに意見を述べているのですが、どのレベルで述べているか異なっているのです。

3) 高コンテクストか低コンテクストか
　次の会話を見てください。佐藤さん、鈴木さんの説明の仕方はどのように異なるでしょうか。

| 司　　会：皆さんが持ってきたプロジェクトの予算についてそれぞれ説明してもらえますか。
佐藤さん：私の案は、この前話した通り結構かかっています。
鈴木さん：私の案は、予算は総額80万です。そのうち人件費は出来るだけ安くするために20万にしました。 |

　佐藤さんは、会議のメンバーで既に予算については話題を共有しているため、「この前話した通り」とコンテクストに依存した発言をし、具体的には予算という言葉も数字を出さないで説明しています。鈴木さんは、コンテクストを共有していない人にも理解できるように予算の総額など具体的に出しています。佐藤さんは高コンテクスト、鈴木さんは低コンテクストのスタイルをとっています。（高コンテクストと低コンテクストは4章「非言語コミュニケーション」で詳しく扱っています。）

　このように、コミュニケーションのレベルという観点から改めて意識化すると、スタイルの違いやお互いの相手に対するスタイルの期待の違いがコミュニケーションギャップを生み出すということがいえます。自分自身や相手のコミュニケーションスタイルをモニタリングしていくことは大切でしょう。

4-3 クリティカルな視点―自分自身を問い直す

　さらに、客観的に自分自身やコミュニケーションの場を意識化するだけでなく、クリティカルに捉えていく視点も必要ではないかと思います。ここでいうクリティカルとは、否定的に捉える、という意味ではなく、多角的に捉えていくという視点です。どうしても私たちは自分の話すことは「正しい」ことを「正しい」話し方で話している、という意識をもってしまいがちです。しかし、その立場から少し別の視点にうつし、自分自身のコミュニケーションを「別の解釈もあり得る」「もしかしたら別の意味で捉えられるかもしれない」「このようなスタイルで話をしているが別のスタイルの話し方の方が説得しやすいかもしれない」「もしかしたら自分の話していることは理解されていないかもしれない」と少し突き放した視点で多角的に捉える視点です。このようにクリティカルに自分自身を問い直していく視点も大切ではないかと思います。

　次の点をチェックしてみましょう。

□ 相手のわかる言葉で話しているか
□ 相手に自分の意図が伝わっているか
□ 今話している言葉の解釈は自分が解釈している以外の方法があり得るか
□ 自分が話しているスタイルとは別のスタイルで伝えたらどうか

　例えば、次の木村さんの発言について、あなたはどのように解釈しますか。

> 木村：川井さんの提案した調査の方法は、期間が短すぎて実行するのに十分ではないと思います。

（木村さんの解釈：もう一度調査の方法を期間も含めて検討しよう）
（川井さんの解釈：自分の提案が否決された）
（山田さんの解釈：木村さんは、期間が長ければ実行できると言っている）

木村さんは、もう一度調査方法の期間を含めて検討しよう、と言うつもりで提案しているのですが、この発言をクリティカルに捉えてみると、必ずしもこのような解釈だけではなく、川井さん、山田さんのような解釈もあり得るのです。自分の話していることについて、十分に意図が伝わっているかどうか、このように様々な解釈があり得るかどうか問い直してみることは大切ではないでしょうか。

4-4 確認するということ

　私たちは、コミュニケーションするとき、相手が自分を理解しているものだと思い込んでしまったり、自分は相手を理解しているものだと思い込んでしまったりします。しかし、完全には理解していない場合も多いのです。そのような時は相手に確認したり、自分自身の言い方を修正したり調整したりすることが必要になってくるでしょう。「理解している」という思い込みではなく、理解できないことがあっても「理解しようとする」意識が必要ではないでしょうか。

　まず、相手の話している意味がわからない場合には、確認をすることが大切でしょう。では、「確認する」とはどういうことでしょうか。「確認する」とは、自分がわからないから相手にたずねる、というよりも「自分が理解している」かどうかを確認していく、という姿勢です。「わからないから相手にたずねる」のは「自分が知りたい」ことを知るという欲求を満たすことで、「相手が答えてくれた」ことで「わかった」と思い込み、満足してしまう危険性があります。しかし、本当にそれで理解ができたかどうかとは言いきれないのです。

　では、具体的にどんなふうに自分が理解しているかどうかを確認すればよいでしょうか。次の3つを読んでください。あなただったらどのように確認しますか。

> a 「〇〇ということは本当ですか？」
> b 「〇〇なのですか」
> c 「〇〇と理解しているのですが、この理解でいいですか。」

aとbは自分の理解の仕方までは言及しておらず、直接〇〇が正しいかどうかをたずねています。cはこれに対して、自分の理解の仕方が正しいかどうかをたずねています。cの方法は、「自分が理解しているかどうか」理解の仕方から確認していく方法です。この方法が確認の仕方としてふさわしいのではないでしょうか。

4-5 修正、調整能力

コミュニケーションを行うときは、必ずしもうまく相手に伝わる場合ばかりとは限りません。誤解されたり、途中で中断してしまったり、あきらめてしまったり、あるいは摩擦が起きてしまったりする場合があります。そのような時、修正したり、調整する能力が重要になってきます。また、わからない場合や行き詰まった場合、あきらめずに相手に修正や助けを求める能力も必要になってきます。次の会話は日本人学生と留学生の会話です。

> キョウさん：みんな人間だから、先生と生徒の関係じゃなくてひとりの人間になって。先生は、なんと言えばよいかなあ。
> 武田さん：先生と生徒の関係だけじゃ冷たいんだよね。もっと親しみのある関係って大切ってそういいたいんだよね。
> キョウさん：そうそう。

キョウさんは、先生と生徒の関係についてもう少し詳しく言いたいと思っていますが、うまく言葉がみつかりません。「なんと言えばよいかなあ」と言語化できていないことを述べ、助けを求めています。これに対し、武田さ

んは「もっと親しみのある関係」と言い、キョウさんは「そうそう」とあいづちをうっています。このように武田さんとの相互行為を通じてキョウさんは自分の言いたいことを述べることができたのです。このように修正や助けを求めることも大切でしょう。もしキョウさんが先生と生徒の関係について深く言いたくても助けを求める言葉を口に出さなかった場合、コミュニケーションは途中で中断してしまったり、あるいはキョウさんの言いたいことが誤解されてしまうかもしれません。

また、この会話の場合は武田さんがキョウさんの言いたいことをずばりと述べたケースですが、必ずしもこのような場合だけとは限らず、間違った修正をしてしまう場合もあるでしょう。そのような場合は、一回限りの修正だけではなく何度か修正を試みていくことも大切ではないかと思います。

また、キョウさんが言いかけているのに武田さんが最後まで聞かず、先取りし、過剰に修正を行ってしまう場合もありますが、これは修正の落とし穴といえるでしょう。特に教師の場合、「相手の間違いを直さなければならない」と思い込み過剰に修正したり先取りしてしまうケースがあります。これは教師の会話の落とし穴ともいえるでしょう。

修正や調整は一方だけではできず、互いに影響を及ぼし合いながら相互に行っていくものなのです。

4-6 柔軟性——予測できない時の対処

コミュニケーションは、いつもシナリオ通り進行するとは限りません。「だいたいこのように進行するだろう」と考えていても、予想もしない出来事が起きたり不測の事態が起きたりします。コミュニケーションはある意味で不確実な現象とも言えるでしょう。そのような時、柔軟に対応していく力が求められます。現実のコミュニケーションは、シナリオ通りではなく、刻一刻と塗り替えられていく動的なプロセスなのです。その動的なプロセスの中で、不確実性と直面しながらその場その場に対峙していく柔軟性が必要なのです。常に自分自身の認識を塗り替えていく意識が必要でしょう。次の会

話例を見てください。

> 太郎：今度の日曜日あいている？
> （太郎：今度の日曜日一緒にデートできるといいな。映画に誘ってみよう。）
> 花子：あいているわよ。
> （太郎：よかった。）
> 太郎：今○○という面白い映画やっているんだけど。
> （太郎：花子さんも興味持ってくれるといいな。）
> 花子：あ、そう。私その映画この前みたけど、結構面白い映画よね。
> （太郎：え？　花子さんもう既にこの映画みていたんだ。映画に誘おうと思っていたのに。）
> 太郎：そうだよね。
> （太郎：映画に誘うのは無理なので、どうしようか。）
> 花子：太郎くんは絵を見るの好き？
> （太郎：え？絵だって？）
> 太郎：え、最近はあまり見ていないけど。
> （太郎：花子さん絵が好きなのかなあ。）
> 花子：今有名な画家の展示があるけれど、興味ある？
> （太郎：画家の展示があるのか。一緒にいってみたいな。）
> 太郎：うん、一緒にいこうか。
> 花子：うん。

　太郎さんは、最初は花子さんを映画に誘うというシナリオを描いていますが、既にその映画を見たという予想もしない返事が返ってきます。戸惑っている太郎さんに、花子さんは絵が好きかどうかたずねてきます。太郎さんは最初のシナリオとは異なりましたが、一緒に花子さんとデートの約束ができたのでした。もし太郎が「映画に一緒にいく」というシナリオに固執してし

まっていたら、がっかりしたり、デートをあきらめてしまったかもしれません。塗り替えられていくその場の状況の中で不確実性と直面しながらも柔軟に対応しながらデートをする可能性を見つけ出していったのです。

4-7 多様な解釈をする

　コミュニケーションをしている上で、意味づけの仕方の違いで誤解がおきてしまう場合があります。ではコミュニケーション上の誤解がおきた場合、どのように対処すればよいでしょうか。

　対処の1つとして、多様な解釈を試みる、ということが挙げられます。

　次の会話を見てください。どこで誤解が生じてしまったのでしょうか。以下は、編集者の木村さんとライターの村上さんの会話です。

> 木村さん：今日までに原稿を出してと言ったのにまだ出ていなくて困っているのですが。
> 村上さん：えっ？できるだけ今日までに、という意味ではなかったですか。
> 木村さん：いや、必ず今日までに出す、ということでお願いしたはずですよ。

　木村さんと村上さんが締め切りを巡って対立しています。「今日までに原稿を出してください」という木村さんの意味を、村上さんは「できるだけ今日までに、もしできなければ多少延ばしてもいい」という意味で受け取り、木村さんは「今日が締め切り厳守」という意味で受け取ったのです。

　人は、どうしても自分の都合のいい部分を、都合のいいように解釈しがちな面があります。そのため、誤解が生じてしまうのです。では、どのようにすればよいでしょうか。

　それには、できるだけ多様な解釈を試みることが挙げられます。「今日までに原稿を出してください」という文で、できるだけ多くの解釈を挙げてみてください。

> 必ず今日までに出してください。
> できるだけ今日までに出してください。
> もしできたら今日までに出してください。

　このように、1つの言葉に対して、1つの解釈をあてはめ、絶対的なものと捉えずに、多様な解釈を試していくことが大切ではないでしょうか。

4-8　エポケー　判断を留保する

　また、人の話を聴くときに、「判断を留保する」という姿勢が大切です。現象学では、これをエポケー(Epoche; 判断留保)とよんでいます。異文化間心理学の研究者である渡辺は、異文化接触において必要な異文化対処力について研究をしていますが、海外での調査にもとづき、エポケーの大切さを強調しています。渡辺(2002)は、海外で技術指導を行った人たちへの調査の結果、任地国でうまく行った技術者は、「関係」のあり方をよく観察し、それらの「関係」をうまく調整することによって効果的な技術指導を行ったということを明らかにし、このような調整能力を「統合的関係調整能力」と名づけています。渡辺によれば、この能力は、異文化で仕事をする場合に、自分や相手の価値観にとらわれずにひたすら「関係」のありかたを冷静に見定め、「関係」をうまく調整することによって課題を実現していく能力としています。エポケー実習は、「関係が変わることによって認識や行動が変わる」ことを経験的に学習する方法としています。

　エポケーとは、判断を留保することですが、渡辺はエポケーという意識操作の方法によって「自ら認識しているものや事象が自らと離れて客観的に存在していると考えず、その認識を絶えず括弧の中に入れ、より慎重に知ろうとする認識の方法」であり、「エポケーという意識操作を行うことによって、認識した物事や事象が絶えず新たな姿で認識されるようになる」としています。

私たちは、どうしても人の話をきくときに、「これはこういう意味だろう」と判断してしまいがちです。しかし、その判断をいったん自分の意識の脇において、「これはこういう意味かもしれない」という姿勢で受けとめるのです。すると、自分が見たり聞いたりしたことがらが常に新たに認識されてきます。対人コミュニケーションの中で特にどのように人の話を「聴く」かという点でこのエポケーは重要な役割を果たしています。

　例えば、次の会話を見てみましょう。

清水さん：明日、ボランティアの集まりに出るつもりだったけれど、
　　　　　ちょっと都合が悪くなっていけなくなってしまったの。
安田さん：え？そうなの？
（安田さん：何か集まりに出たくない理由でもあるのかしら。例えば
　　　　　ちょっと苦手な人がいるとか。でも、それは考え過ぎかな）
清水さん：うん、突然家の用事が出来てしまったの。
安田さん：あ、そう。
（安田さん：あ、そうね。そういう理由ということね。家の方も忙しい
　　　　　のかしら）
清水さん：実はね、ちょっと苦手な人がいるの。
（安田さん：え？家の用事ではなくて、苦手な人がいるという理由なの？）

　清水さんが行けない理由について、安田さんは、いろいろと推測しますが、それと異なった答えが返ってきます。そして、会話が進行すると同時にまた予測と異なった答えが返ってきます。「こういう意味だろう」と判断しても、それをいったんとどめて（留保しておいて）その判断を言語化せず相手の話を聴いていきます。すると聴いた事柄が新たな形で認識されてきます。

　私たちは、どうしても相手を「完全に理解できる者」として捉えがちです。そう捉えてしまうと、少しでも相手の理解できない部分があると、「もうこの人は理解できない」と思ってしまう危険性があります。しかし、も

し、相手を「完全には理解できない者」と最初から思えば、多少理解できない部分があってもその理解できない部分とつきあっていけます。相手の理解できない部分とつきあっていくということもコミュニケーションの醍醐味といえるでしょう。

4-9 傾聴

　次に、対人コミュニケーション能力の1つとして、「傾聴」を挙げたいと思います。「○○さんって人の話聞かないのよね。いつも人の話にすぐ割り込んできて自分の話ばっかりして」こんな会話をよく耳にします。対人コミュニケーションと言うと、「話す」ことに重点をおくものだと思う人も多いかもしれませんが、コミュニケーションは双方向であり、聴くこともコミュニケーションにおいては重要です。では、ここで幾つか「聴きかた」について述べていきたいと思います。

　まず、単に話を聞くだけでなく、相手が自分の言おうとしていることを言えるようにサポートしていくことが大切です。「話を聴く」という行為は、自分がききたいことを「聞く」という行為ではなく、相手が話したいことを話すのをサポートしていく行為です。そして、相手が話している意図をくみとりながら意味づけをしていくことが大切です。

　話を聴くとき、つい、「多分こういうことを言おうとしているのだろう」と自分なりに結論づけて先取りしたりしてしまうことがあります。特に教師をしていると、学習者が何か答えようと考えている時、待つのに耐えきれずに先取りして答えてしまったり、会話に割り込んでしまったりしがちです。とにかく会話を続けようと思うあまりに、学習者のペースで歩くことを忘れてしまっているのです。「沈黙」をおそれていてはだめです。待つときは、待つことが大切でしょう。

　相手の話にどのようにあいづちをうったり、問い返しながら聴くのかということもコミュニケーションに影響を及ぼします。相手の話の内容の一部（特に意味の核心部分）を繰り返して言う「反射」(リフレクション)も1つの

方法です。例えば、次の会話をみてみましょう。

> A　来週の試験結構難しそうでパスできるかどうか心配なんだけれど。
> B　そう。心配なのね。

　これは、「心配」という言葉をBが意味の核心部分だと捉え、鏡で反射させるようにして繰り返しています。反射は、相手の話を受けとめる、という役割を果たしています。
　また、「はい」や「いいえ」でしか答えられない閉ざされた質問（Closed Question）よりも、そうではない開かれた質問（Open Question）をしながら聴く方が、相手の言いたいことを深く引き出すことができる場合が多いのではないでしょうか。例えば、「きのうは楽しかった？」ときかれるのと「きのうはどうだった？」ときかれるのでは、どう違うでしょうか。前者は「楽しい」ということを決めつけて「楽しいか」「楽しくないか」二者択一で答えを求めていますが、後者は自由に答えることが可能です。
　また、人の話を聴くときに「なぜ？」を多用することも禁物です。「なぜ？」という質問は、質問者が興味のあまりついしてしまいがちですが、答える側にとっては答えにくいことも多いのです。例えば、「なぜ時間通りに来なかったの？」ときくよりも、「時間通りに来なかった理由が何かあったの？」の方が答えやすいですね。前者の質問だと「非難する人／される人」の対立構造ができてしまい、答える人にプレッシャーを与えてしまうのではないでしょうか。後者だと質問者も回答者も対等で中立的な関係のため、答える側はそれほどプレッシャーを与えないのではないかと考えます。このようにどのような質問をしながら聴くのかも相手に影響を与えるのです。なお、7章「支援のコミュニケーション」でも傾聴の非言語的側面について扱います。

4 - 10　マインドフルな聴きかた

　ティン・ツーミー他(Ting-Toomy et al 2001)は、マインドフルな聴き方を提案しています。マインドフルな聴き方とは、次のようなものです。

1）責任をもった聴き方をする
2）新しいカテゴリーを自分自身の中でつくりあげながら聴く
3）自分自身の中で言い換えながら（リフレイミングしながら）聴く

　責任を持った聴き方とは、聴くこと自体に自分自身で責任を持つ、ということです。聞き手として責任を持つということです。新しいカテゴリーを自分自身の中でつくりあげる、というのは、既に自分自身の中でカテゴリーをつくりそれにあてはめて相手の話を聴くということではなく、真っ白な中から新しいカテゴリーを創りだすように相手の話を聴くということです。自分自身の中で言い換えながら（リフレイミングしながら）聴く、ということは、相手の言うことを自分自身の中で更に意味づけして聴くということです。

　このような聴き方は、日本語教育の現場でも大切でしょう。学生の投げてくるボールを真正面から受けとめるような責任を持った聞き手になること、そして自分の思い込みで相手のことばを受けとめるのではなく、自分自身の中でも新しいカテゴリーをつくりながら相手の言葉を受けとめること、そして自分自身の中に相手の言葉を意味づけていくこと。「聴く」という言葉は、同時に相手と向き合う、という行為ともいえます。

　ここでは、聴くための対人コミュニケーション能力について紹介しましたが、聴くこともコミュニケーションの重要な側面です。また、聴くための方法は、単なるテクニックではない、ということも付け加えておきます。相手とまず真正面から向き合い、理解しようとする誠意が聴くためのまず第一歩といえるのではないでしょうか。

　本章では、対人コミュニケーションに焦点をおき、欲求、対人関係の構築、対人コミュニケーション能力の育成という観点から述べてきました。しか

し、実際のコミュニケーションは、理想的な「きれいな」形ばかりとは限らず、ぶつかり合ったり、痛みを感じたりすることもあるでしょう。しかし、そういう混とんとした現実の世界の中で、相手から目を背けず相手に向き合い、粘り強くつきあっていくことがコミュニケーションの醍醐味といえるのではないでしょうか。こうした相互作用を通じて新たな世界が創造されていくのではないかと思います。

実践してみよう！

1 インタビュアーをウォッチすると…

テレビでのインタビュー番組を見てみましょう。初対面のインタビュイーにインタビューするとき、インタビュアーとインタビュイーはどのようなコミュニケーションで関係を構築しているでしょうか。話し方、聴き方の言語・非言語コミュニケーションに注目して観察してみましょう。

2 聴き手がいるのといないのとでは？

テレビでの番組で、1人でスピーチ(あるいは講義等)をしている番組を見てみましょう。インタビュー番組と比較してどのように話し方が違いますか。目の前に聴き手がいるのといないのとではどのように違うでしょうか。比較してみましょう。

3 無事にたどりつける？

あなたの家から学校(あるいは職場や最寄りの駅など)までの道順を、次の2つの方法で説明してください。その後、説明の仕方についてメンバー同士で振り返ってください。

 a 地図で上から見ているような視点から
 b 一緒に歩いている視点から

4　あなた自身を鏡にうつすと？

次のテーマでディスカッションをし、録音(録画)してください。ディスカッションの録音テープを聞きながら、あなた自身には以下の①から③のどのようなコミュニケーションのスタイルが現れたかふり返ってみてください。

> テーマ：同僚(あるいはクラスメート)と一緒に研修旅行に出かけることになりました。費用は1人3万円の補助が出ます。さて、どこに何のためにどのくらいの期間出かけますか。話し合ってプランを立ててください。

①事実のレベルか感情のレベルか
②高コンテクストか低コンテクストか
③目的達成型かプロセス重視型か

5　シナリオ通りに進む？

二人組になり、次のロールプレイをしてください。

> Aさん　来週の週末、Bさんを誘ってコンサートに行きたいと思っています。
> Bさん　あまりコンサートには興味がありませんが、Aさんとどこかに出かけたいと思っています。

ロールプレイの後、ペアで次のことについてふり返ってください。
①相手の会話で予測しない発言はあったか
②その時にどのような対応をしようとしたか

6　いくつの世界が見える？

雑誌、本等から挿絵あるいは写真を見つけてきてください。その絵あるい

は写真についてどのような状況で撮られた(描かれた)のか出来るだけ多様な立場から複数の解釈をしてください。

7　一緒にいける？
　今まで旅行した場所の地図を(そこに行ったことのない)人に見せてください。どのような場所だったかをやりとりしてください。聴き手は、自分自身の思いや判断を口にせずに(判断を留保して)相手の話を聴いてください。

6章　スモールグループコミュニケーション
個人が活きるグループワークとは？

キーワード：リーダーシップ、ファシリテーター、アジェンダ、ブレーンストーミング、自己評価

「きのうね、日本語教師の集まりがあったんだけれど、せっかくメンバーが全員そろったのに、いい意見が出てもまとまらなくて、結局何も結論が出なかったの。」こんな話をよく聞きます。教師同士の集まり、会議や、教室場面でのグループ学習のサポートなど、日本語教育の場面だけにかかわらず、スモールグループでのコミュニケーションは私たちの身近に多く存在します。けれども、冒頭の話のような悩みもよくききます。

ここでは対人コミュニケーションから発展させたスモールグループコミュニケーションを取り上げていきます。社会で生きていく上で人間は何らかのグループに所属しています。

みなさんは、これまでどんなグループに所属してきましたか。ちょっと考えてみましょう。

家族、コミュニティ、クラブ活動、職場、学校など、様々な場面で様々なグループに所属してきましたね。グループ活動は私達が社会生活に必要なことを学ぶ機会を与えてくれる学習の場にもなります。デューイやピアジュは、子供の成長過程においてグループで遊ぶこと、学ぶことの重要性を教育論の中で説いています (Cathcart & Samovar, 1974)。グループにおける決断の仕方を研究したものでは、グループの方が個人よりもより良い決断を出す

ということが確認されています。

ここでは、スモールグループに焦点をあて、その特徴やコミュニケーションの方法について考えてみましょう。

1　グループコミュニケーションの特徴

スモールグループとは人数で定義すると、3人を最低人数とし、最多人数は学者によって多少の認識の違いはありますが、12人から15人とされています(Hirokawa, Chathcart, Samovar & Henman, 2003)。最近ではインターネットを利用したバーチャルな空間のみでのグループ活動の研究も進んでいますが、ここでは、職場や教育の場におけるグループ活動を中心とする対面式のグループ活動におけるコミュニケーションを考えていきます。

スモールグループコミュニケーションの特徴は、たとえ最小人数の3人であっても1対1の時とは違い、必ず観察者がいるということです。他者がいるということで、自分の表現の仕方を微妙に調整しようという心理が働きます。自分自身と2人以上の周囲の人々の間で常に調整を行うことでグループの雰囲気というものが、単に個人個人の性格とは違ったものになってきます。グループでの個人の役割は、どのグループでも同じになるものではありません。それぞれのグループに適した役割を演じることにより、個人の成長へと繋げることもできます。また、情報面において、個人や対人よりもより多く得ることが可能になります。それを上手く整理し結論を導くことにより、個人では出来ない結果を出すことができます。

グループワークの利点の1つとしてまず挙げられるのが、自己の成長です(Hoover, 2005)。対人コミュニケーションにおける関係維持とグループメンバー間での複雑な相互依存を上手くこなしていかなくてはいけません。そして、グループ全体での目標を達成していく必要があります。グループコミュニケーションの特徴を理解し、効果的なコミュニケーションを実践し、グループ活動の過程を経験することにより新たな自分自身の発見にもつながる

でしょう。

あなたは、これまでグループ活動に参加することで新たな自己を発見したり成長したと感じたことはありますか。グループ活動によってどのように自分が変化したかを、ふりかえってみましょう。

2　グループの発達段階

皆さんの所属しているグループはこれまでどんな成長をとげてきたでしょうか。お互いのメンバーと知り合っていく最初の手探りの段階、意見が食い違ったり衝突した段階など、さまざまな経緯があったのではないでしょうか。ここでは「グループの発達・形成」という観点からグループの特徴について考えてみましょう。

グループの発達段階はコミュニケーション、社会学、心理学、文化人類学とそれぞれの分野でさまざまな角度から説明することができます。ここではスモールグループ内において各メンバーがお互いに影響をし合うことを重視した、システム理論を用いたインターアクトシステムモデルを紹介します。このモデルでは、グループというものは言語や非言語行動によりメンバー間に影響を及ぼしあい、それが結果的にはグループ全体を作っていくというものです。フィッシャーは、このグループメンバー間の相互影響に注目し、グループメンバーの意見がグループ全体の同意に至るまでの過程をオリエンテーション、衝突、創発、そして、強化の段階に分けています (Fisher, 1980; Barker, Wahlers, & Watson, 2001; Hoover, 2005)。

オリエンテーションとは一番最初の出会い、すなわち、紹介の段階です。ここでは、メンバー同士は相手と知り合い、他のメンバーと自分との関係をどのように築いていこうかと思案する段階です。グループとしてはまだ手探り状態です。相手の出方を見ながら話し合いを進め、グループの当面の目標に向かって動きます。

第二段階では、メンバー同士が次第に慣れてきて意見の交換も活発に起こ

りだすと衝突が起こります。これはメンバーがグループでの発言に安心感があるという段階でもあります。グループメンバーが意見により分立したり、他のメンバーを説得するようなこともおこります。ここでの対立は悪い意味だけではなく率直な意見を述べることができる、コミュニケーションの活発な状態ととらえることができます。また、相互作用の働きで、メンバー同士での自己制御や他からのフィードバックを受け入れることもはじまります。

　第三段階では、協力や折衷案の提案が始まります。この段階では合意に達しようと、試行錯誤で意見を言う段階です。しかし、議論においては積極的なコメントが多く出始めます。第二段階では、賛成か反対かの二極化になりがちであった意見の交換から、第三段階ではグループの目的達成のために必要な意見を見極めていきます。また、メンバーがよりよい結論に達しようと、積極的な歩み寄りが起こります。

　そして、最終段階では、グループメンバーは合意に至り、意思決定を行います。この意思決定を成し遂げる時、グループメンバーは目的の一致を確認し、結果を出していきます。

　実際のグループの発達は、一段階ずつ順番に発達していくという単純なものではありません。その場のグループの状態によって進んだり戻ったり、複数の段階が混在したりします。授業でグループ活動を行うとどのようになるでしょうか。フィッシャーのグループの発達段階を元にして例を付け加えながら考えていきましょう。

2-1　始まりの段階

　最初、知らない者同士が顔を合わせ、自己紹介をし、次にグループで何をしなければならないのか(課題)について話をすすめていくことが多いでしょう。例えば、環境問題について調査をして結果を発表するということであれば、どのような発表を行うかに意識がいきがちです。

> ゆうこ：「環境問題について」ということだけど何について調べたらいいのかな。
> けんた：リサイクルとかじゃないのかな？
> まさこ：地球温暖化が最近の話題じゃないかしら。
> （しばらくトピックについての話がでる。）
> ゆうこ：よくわからないけど、とりあえず発表まで3週間だから、発表の準備のスケジュールを作っていこうよ。
> けんた：そうだね。発表には世界地図や数字によるデータを持ってきてインパクトのあるものにしよう。
> ひろし：けっきょく何について調べればいいの？

　上記の例では、グループとしてどのように進めていくのか、最終目的である発表にたどりつくまでの過程についての話し合いが行われていません。このようにグループとして計画的に意見交換や議論することがないと、次の段階では、役割分担するだけで終わってしまうケースも多いようです。グループによっては最初のオリエンテーションの段階からなかなか進まずに相手の様子をうかがうだけで終わってしまい、効果的なグループワークができないこともあります。どのようにすればよりグループの特性を活かした行動ができるようになるのか、取り入れるべきポイントを紹介しましょう。ここでは特にグループで作業をしていくという認識を1人1人が持つことが重要です。

　グループワークの最初の段階で、グループの規範、役割、目的を明確にするようにしなければなりません。グループの規範は暗黙の了解の上で、「いちいち言わなくても、常識的に…」と考えることがよくあります。しかし、自分が考えている常識をもとに他のメンバーの行動を判断していくと、否定的なものばかりが目につくかもしれません。例えば、時間に関する考え方はどうでしょうか。ある人は「5分前行動は当たり前」と考えているかもしれ

ませんし、他の人は「自分ひとりぐらいちょっと遅れていっても大丈夫」と考えているかもしれません。そのときに遅れることを連絡する人もいればそうでない人もいるでしょう。自分たちのグループでは、ミーティングは時間通りに開始できるようにする、遅れるときは連絡を、メールの返事は〜時間以内に、と全員が実現可能な範囲での決まりを確認することは円滑なグループコミュニケーションを行う上では重要です。また、グループでの目標は実現可能な明確なものを設定することが大切です。そして、グループの目的とともに、各メンバーがこのグループワークをすることにより何を得たいのかをお互いに伝えることも、メンバー同士の理解につながります。

　グループでの役割はさまざまありますが、初期の段階でリーダー、又は、ファシリテーター、書記係を決めます。「少人数のグループだから」、とか、「これくらいのグループプロジェクトなら」と、あやふやにしてしまうと、お互いの役割が明確でないまま活発な議論ができなくなるケースがでてきます。書記係はミーティングのところで詳しく述べますが、各ミーティングのポイントをまとめ、決定事項や次回の議題の確認するためには無くてはならない役割です。

2-2　衝突の段階

　グループの議論も活発に行われる段階では、意見の対立やグループとして行き詰まりを感じることもでてきます。この段階では、コミュニケーションの基本にもどり、相手の話を聴くことができているかを確認していきます。

> ゆうこ：地球温暖化により実害を受けている地域の情報を集めてきたわ。これをケースとして発表していけばいいんじゃないかしら。
> ひろし：30分の限られた時間内での発表だから、全部を入れるのは無

> 理だよ。それに京都議定書に対する各国の姿勢とかも入れていかないといけないし。
> まさこ：もっと身近な問題として考えられる例はないのかしら。
> けんた：ケースも大事だけど今後の自分たちの意見もまとめていくことが重要じゃないかな。
> みゆき：……

　それぞれ自分の視点からの意見を言うことができるようですが、お互いに同意できないと同時に話し合いとしてもまとまりがありません。また、グループの中で意見を出しにくいメンバーがいる時は、ミーティングの行い方やグループのコミュニケーションの取り方を変えてみることも必要になるでしょう。ここではそれぞれの意見を聞きながら、グループとして行うべきこと、即ち、このミーティングで決断をするために何を重視するのかを決めることが必要です。そうすることにより各メンバーが、自分の情報の利点を他のメンバーにわかるように工夫して説明することができるでしょう。グループ発達において衝突の段階は、グループとしての結束を高める上での必要な過程です。グループ内の対人関係を確認するのにも良い機会です。

2-3　歩み寄りの段階

　第二段階で、自分の意見を率直に述べ、それに伴いグループ内でそれぞれの意見に対する各メンバーの賛成、反対の立場が明確になります。意見が出ても、賛成か反対かの立場をサポートし、平行線のままで行きづまった時にどのようにすればグループとしての結論を出すことができるかという点でリーダーシップの動きが出現してきます。この第三段階では、グループの目標達成のために、第二段階で出てきた意見を結論に結びつけるための分析－まとめ、という作業に入ります。

　第三段階ではグループ自体を見つめ直すという意味で、グループの規範の

見直し、自分達のコミュニケーションの仕方をお互いに評価していく作業も必要となります。また、グループの目標を再確認して新たな認識をメンバーに促すことも重要です。

> まさこ：今のままではなかなか意見がまとまらないわ。
> ひろし：では、もう一度、自分たちが調べてきたことがどのように目的である地球温暖化を止める必要がある、ということにつながるのかを考えていこう。
> けんた：それには京都議定書に積極的に参加しない国々の立場も説明していく必要もある。お互いに調べてきたことをもっと批判的に分析していく必要もあると思う。
> ゆうこ：そうね。最近は各自が調べてきたことを評価もせず、そのまま報告に載せようとしている傾向があるかも。それにミーティングではアジェンダがあやふやになっていたから立て直す必要もあるわね。
> まさこ：確かに次のミーティングで何を決めていくか、ということがあまりわからないままミーティングに参加していたと思う。では、今日のミーティングの目的を確認していきます……

お互いを批判することを避けるため、グループ活動全体の評価を一度もしないままグループ活動を終えてしまうこともよくあることです。しかし、今一度、グループ活動に意識を向けることにより最終段階の意思決定が有意義なものになります。

2-4 強化の段階

　最終段階は意思決定を行いますが、ここで、今一度グループの意思決定の仕方を評価していきます。全員の意見が反映されているか、集団愚考に陥っていないか、最終的な決定の仕方に無理があるとしたらもう一歩前のグルー

プでの意思決定に戻って考えてみる必要があるかもしれません。目標を再確認することで、自分たちがそこにたどり着いたという達成感を持てる機会を作ることもグループワークを終えるときには重要な要素です。

3　グループでのコミュニケーション

3-1　防御的なコミュニケーション

　コミュニケーションの基本的な考え方は相互理解できるシンボルを共有する、ということです。言葉や非言語的な要素がこのシンボルとして使われます。1人対1人が常に向き合いシンボルを創造していく作業を行う対人コミュニケーションでもシンボルの取り違えがおこります。複数の人々と行うグループコミュニケーションではさらに意識して行う必要があります。グループ内で話している時や聞いている時、自分では気がつかない角度から自分の話し方、反応を観察している人がいます。また、話に熱が入るあまり意識せずに、グループの一部の人しかわからない言葉を使っていることもあります。このような時、自分が伝えたいと思うメッセージとは違う受け取り方をする人がでてくる可能性が高くなります。

　このように自分のコミュニケーションを意識して行う必要があるグループでは発言がしにくいと感じる人も多くでてきます。グループの規則を作る上で重要とされる、お互いを尊敬する、ということを実践するにはどのようなコミュニケーションがあるのでしょうか。

　ここでは、防御的なコミュニケーションと支援的なコミュニケーションについて考えてみましょう。人は他人に対する客観的な態度や、自分に対する自信が欠けている場合、防御的なコミュニケーションを取りがちです。防御的なコミュニケーションでは、グループの課題達成そのものよりも、自分の主張を通したり、他のメンバーを言い負かしたり、といかにグループを支配し自分の評価をあげるかということに力を注ぐことになります。従ってメッセージにおいて、実際にグループにとって必要な意見を明確にすることが難

しくなります。支援的なコミュニケーションでは逆に、他の人の意見を聴き、オープンに受け入れていこうという姿勢がみられます。防御的コミュニケーションと支援的コミュニケーションでは、メッセージそのものにどれだけ集中できるかに大きな違いがでてきます。

　グループコミュニケーションでは目標の達成という目的があります。グループメンバーそれぞれのやり方をどのように効果的にまとめていくかが重要な点になっていきます。自由な意見の交換も、やり方をまちがえると自分の意見の強硬な主張になりかねません。次の例を参考にしてみましょう。

＜例１＞
ゆうこ(司会)：今日のミーティングで学園祭で出店するものを決めたいと思います。売上の20％はクラブ活動資金にもなるので楽しめて採算の合うものを考えましょう。
け　ん　た：人力車でのミニ観光が面白いとおもう。他大学でやっていたものの参考資料を持ってきたよ。
ま　さ　こ：そんなの無理よ。だいたいけんた君はいつも自分の好みばかりで現実性がないんだから。私は去年と同じクレープ屋がいいと思うわ。

　この場面で、けんたは参考資料も持ってきているということでかなり真剣に人力車案を考えているようです。ところが、まさこには真面目に考えていない、と思われる点があったのかもしれません。しかし、ここでのまさこの発言はけんたの面目をつぶし、ミーティングの雰囲気も悪くなってしまいます。次に発言する人も急に消極的になってしまうかもしれません。これを次のように言い方を変えるとどうでしょう。

<例2>
まさこ：新しいアイディアね。他の大学でもやっているのなら参考にはなるわね。レンタルとか必要経費をもう少し具体的に知る必要があるわね。その上で検討してみればどうかしら。実績の面で言えば、私は去年やったクレープ屋も候補に挙げておきたいわ。

　実際にまさこの意見はクレープ屋を押していることに変わりはないですが、違う言い方をすることにより否定的な発言から肯定的な発言へと変わります。発言の主旨を変えずとも相手をも否定する、防御的コミュニケーションと受け入れる支援的コミュニケーションはどのような点で違いがでるのでしょうか。まず、防御的コミュニケーションは上記の<例1>におけるまさこの発言でみていくと次のようになります。
・意見を特定の個人のものとする：「けんた君は…」
・否定的な言葉を使う：「現実性がないんだから…」
・相手の意見の評価・判断をすぐに下す：「無理よ…」
・自分の方が相手よりも優位であるような言葉を使う：「現実性が…、実績で言えば…」
・感情的な対応をする：「いつも自分の好みばかり…」
支援的コミュニケーションの特徴をみると次のようになります。
・相手の気持を汲む：「新しいアイディアね」
・客観的に意見のみを受け止める：「新しいアイディア…他大学でも…」
・相手への批評は建設的な意見で示す：「必要経費を具体的に…」
・感情的な対応をしない：「検討してみればどうかしら。」
　このように、ミーティング内で出た意見は特定の個人のものとせずにグループ共有のものと考え、客観的に受け止め、批判点「良い」、「悪い」ではなくて相手が改良できるように明確に示していくことが大切です。これらの点を気をつけることにより、グループ内での意見の出方、ミーティングの進み方に違いがでてきます。

3-2　聴き方とフィードバック

　対人コミュニケーションにおいて相手の話を「聴くこと」の大切さは言うまでもありません。相手が話していることに対して何らかの反応をしなければならないので、自然と「聴く」ことに対する意識も強くなります。しかし、スモールグループにおいては自分以外にも話者に対して反応する人がいることが意識にあり、「聴くこと」に対して受け身になりがちです。これは、単に「聞き流す」というものだけではなく、相手の話がなんとなく頭の中に入ってきているというものでも積極的に聴いている態度とは言えません。スモールグループの利点である、より多くの情報を収集することや集団で判断を下すことにより個人よりも良い結果を出すことが可能になるのも、相手の話を積極的に聴くことができた上での話です。積極的に聴くことと相手へのフィードバックを組み合わせることによって、スモールグループコミュニケーションの特性を生かすことができます。「聴き方」の基本的な事柄は前章で説明をしているので、ここでは特にスモールグループのミーティングにおける効果的な聴き方とフィードバックを考えていきます。

　スモールグループのミーティングでは常に目的があります。その目的を理解した上で発言者がどのような立場、視点から意見を述べているのかを考えます。そして、発言者の要点をおさえ議題と関連付けていきます。発言者の論点を分析し、疑問点を明確にしておきます。これらのことはすべて自己内コミュニケーションとして自分の頭の中で聞きながら自分に対して問いかけるという作業になります。積極的な聴き方には非言語的な側面も大切です。話者へのアイコンタクト、うなずき、話に身を乗り出すような前かがみの姿勢は発言者がさらに話しやすくなるような態度です。これらのことをすることではじめて、スモールグループコミュニケーションにおいて「聴く」ことができていると言えます。非言語的な要素は積極的な「聴く」態度にも重なる部分がありますが、発言者に対する反応、つまり、フィードバックの仕方はミーティングのあり方に大きく影響します。

効果的なフィードバックとしてバーカーらは以下の4項目を挙げています。
1. グループメンバーが理解できる形でフィードバックをする。
2. フィードバックの量よりも質が重要である。
3. 自己満足のためではなく他のメンバーのことを考える。
4. 重要なことは質問で確認し、再度表明する。

(Barker, Wahlers, & Watson, 2001, p. 87 参照)

フィードバックの仕方を中心に、次の2つの会話例をみていきましょう。

＜例1＞

まさこ：ボランティア活動と教育の関連性のレポートをまとめなきゃいけないけどどうする？

ゆうこ：私はハビタットに参加することですごく教えられたことが多かったわ。あの経験がなければ、ボランティア活動は自分が人を助けてあげるもの、って考えてたかも。

ひろし：そうそう僕も参加したんだけど、助けるつもりでいったのが現地の人に一から作業の仕方を教えてもらわないと何にもできなくって無力なのがよくわかった。ところで、ゆうこはいつ行ったの？

＜例2＞

ゆうこ：私はハビタットに参加することですごく教えられたことが多かったわ。あの経験がなければ、ボランティア活動は自分が人を助けてあげるもの、って考えてたかも。

けんた：ハビタットて何？どんなボランティア活動をしたの？

ゆうこ：ハビタットは国連人間居住委員会の活動で、私の場合はフィリピンで家をつくる手伝いをしたの。他大学の学生も多く参加していたのだけれども、家作りは皆素人だから、現地の人に教えてもらいながら作業をしていったの。

まさこ：さっきボランティアに対する考え方が変わったようなことを言ってたけど、もう少し詳しく聞かせてくれる？

グループ内におけるフィードバックは個人が発言者のみにするものではありません。＜例1＞では、話は弾んでいるようですが、これは個人的なフィードバックなので、残りのグループメンバーが話題から取り残されている可能性があります。特にグループの中に1人でも知らない言葉や特定の出来事について話す場合には、例のように話し手が気づいていない場合、聴き手が説明を求めるようにフィードバックをすることが必要です。また、常に、メンバー全体のことを考えた表現の仕方でなくてはいけません。

　フィードバックという形を取っているようで自分の意見や経験を長々と話すこともよくあるケースです。フィードバックはあくまでもミーティングの議題に基づき、発言内容に対してされなければなりません。積極的な態度で聞いている間に起こった疑問点や重要な点を皆にわかりやすい言葉で質問したり、まとめ直すことでメンバー間の理解度も深まります。質問するということは、時には単に聞き逃してしまったことに対してかもしれませんが、発言者のわかりにくい表現の仕方や難しい論点等、他のメンバーにも不明確なことかもしれません。積極的な質問はフィードバックの1つの形態でもあります。これらのフィードバックの技術を身に付けることはスモールグループコミュニケーションにおいて、リーダーやファシリテーターの役割においてはさらに重要になってきます。

4　グループワークでのスキル

4-1　アジェンダのあるミーティング

　アジェンダとはミーティングを行う手順を決めた、議事事項のことです。どのような手順で、何を、どのような時間配分で話し合うかを決めたものがアジェンダです。グループミーティングはグループを形成し、目的を達成するための話し合いの場です。グループメンバーのミーティングを促すには、ミーティングの必要性を皆が理解しておくことが大切です。アジェンダが無

いミーティングでは、何のために集まっているのかが明確でないので目的達成のための結果を出すことができません。ミーティングはメンバー全員の目的の理解と積極的なグループ参加の意識があってはじめて成り立ちます。ミーティングを進めるためには次のような手順があります。
- ・アジェンダ(議事事項)を決める
- ・事前にメンバーにアジェンダを伝達しておく
- ・お互いの役割を認識する
- ・ミーティングの時間配分を明確にする
- ・何をどのような方法で決定するのかを明確にする
- ・ミーティングで決定した事柄を確認し、次のミーティングの内容と予定を決める

　メンバーそれぞれに個人的な時間の制約があるはずです。漠然と「今回のミーティングではみんなの意見を聞いて、大体まとめておこう」というのではなく、「最初の15分で情報の共有をし、次の20分で分析、そして、3つのテーマまで絞り込むこと」と具体的な時間の目標をたてることが必要です。時間的な制約を加えないことには、同じ調査の報告でもだらだらと的を得ないもので終わってしまいます。それでは何時間あっても何も決めることはできません。メンバーに決断する材料を与えるためのポイントを得た報告でなくてはなりません。また、1つのミーティングでなんらかの結論をださなければなりません。よく起こりがちなのが、気がついた時には時間切れで結論も出ず、そのときのミーティングで何をしたのかもあいまいで、次のミーティングまでに各自何をしてくるのかという伝達事項もなく、メンバーが慌てて席を立ち去っていく状態です。

　まず、メンバー全員がその日のミーティングのアジェンダを理解し、自分の役割を認識してミーティングに望むことで進行具合に違いがでます。時間を考慮しながらメンバーの意見を活発に引き出すには、ファシリテーターが必要となってきます。ファシリテーターとはリーダーと違い、ミーティングを回す上で近年注目されている役割です。ファシリテーターの役割について

は第 7 章「支援のコミュニケーション」にも詳しく述べていますが、ここでは特にグループにおけるファシリテーターの役割について考えていきましょう。

4-2　グループでの役割：リーダー、リーダーシップとファシリテーター

　グループや組織の「代表」ということで、リーダーという言葉は政治、企業、教育の場面でよく使われます。「あの人はカリスマ性のあるリーダーだ」とか「組織を束ねることをできるリーダーだ」というように組織で行動する時にはたいていリーダーの役割は重視されます。スモールグループの活動内容によって必要とされるリーダーは変わってきます。ここでは、リーダーの種類、リーダーシップとファシリテーターというグループコミュニケーションにおいてはリーダー同様、またそれ以上に重要とされる役割とはどのようなものなのかを紹介していきます。

　リーダーは組織においてのある地位やその地位にある人のことを指します。リーダーというのは決定権、会議を招集、進行するなどのある種の権力を持っています。古典的なリーダのリーダーシップの種類として、組織をコントロールし権力を振るう権力的、グループの自主性に任せる傍観的、役割を皆に分担させながら物事を決定していく民主的なリーダーシップが挙げられます (Lumdsen & Lumdsen, 2001)。それぞれ、グループの目的によって相応しいリーダーシップは違ってきます。期日までの仕事の達成、生産性を重点にしたグループワークの場合、それぞれの意見を聴いたり役割分担をしながら進めるよりも、権力のあるリーダーの判断で物事を進めて行く方が良い結果がでやすいことがあります。各メンバーの能力や役割をリーダーだけが把握している場合もこれに当てはまります。逆に人間関係を重視し、グループの成長を期待するならば民主的なリーダーシップの取り方のほうが効果があるでしょう。個人の専門性が高い場合は傍観的なリーダーシップで自由な活動を見守るほうが創造性の幅を広げることにもなります。ビジネスにおいてもそれぞれの組織や業種によりリーダーのあり方も変わってきます。

学習の場でグループ活動をする時に最も適しているのは人間関係も成果も同様に重視している民主主義的リーダーシップですが、お互いに学びあうという場ではリーダーとリーダーシップの違い、そして、ファシリテーターという役割について知っておくとさらに役に立ちます。特にスモールグループでより効果的なコミュニケーションを考える上では、様々なリーダーシップの形が存在します。ここで言うリーダーシップというのはグループの目的を達成するのに貢献するコミュニケーション行動を指します(Lumdsen & Lumdsen, 2000; Barker, Wahlers & Watson, 2001)。したがって、リーダーは地位的に1人の場合が多いですが、リーダーシップを取るということはメンバーの誰でもができることです。例えば、発言を積極的にする、意見をまとめるというリーダーシップもあれば、プレゼンテーションの準備を進めていくにあたり資料を作成することでリーダーシップを発揮することもできます。グループでのコミュニケーションは複雑です。それぞれのメンバーがリーダーシップを意識することにより効果的なコミュニケーションに結びつきます。グループを作る上で、また、目標を達成するためのリーダーシップには次のようなことがあります。

・積極的にグループが円滑に動くような規則を提案していく(開放的、平等、協力等について認識の一致を求める)。
・各メンバーの参加を促す(話し方、聴き方、非言語的メッセージを利用して、各メンバーが参加しやすいように気を配る)。
・各メンバーの目標を理解しながらグループの目的達成できるように導く(結果に導けるように建設的な話し合いができるようにする)。
・問題に行き当たった時にまとめ直しをし、方向性を確認する。
・ミーティングの構成、運営を確認する。
・創造的な考え方、違った見方を常にできるようにする。
・情報がメンバー間で理解されていることを確認する。
・情報を収集、意見を出す。

(Lumdsen & Lumdsen, 2000, p.34,35 を一部参照)

リーダーのみではグループワークにおいてこれらすべてのリーダーシップを取ることには無理があります。これらのリーダーシップをメンバー全員が意識し、自分の役割、他のメンバーのリーダーシップを評価することで、グループの効率は随分と違ってくるはずです。

みなさんが所属しているグループのコミュニケーションはどういう状況ですか。リーダーシップはどのようにとられていますか。ふりかえってみてください。

近年ファシリテーターという言葉をよく耳にしますが、ファシリテーターには様々な役割があり、グループワークにおいても重要な一面を持っています。議長や司会者との違いが明確にされていない等、一般的な認知度は低いかもしれません。ファシリテーターとは「グループメンバーが目的を達成するために手助けする役目」でありミーティングを円滑に進めるために大切な役目を担っています(Lumdsen & Lumdsen, 2000)。ただ、議長やグループリーダーと違うことは決定権がないということです。ファシリテーターは前述のリーダーシップの要素を兼ね備えているといってもよいでしょう。ミーティングを実施する上で、ミーティングの目的を明確にし、意見が活発にでるようなコミュニケーションを取っていきます。ファシリテーターの立場は中立的で、メンバーの意見への評価を加えることはしませんが、少人数のグループの場合では、ファシリテーターもメンバーの一員として意見を言ってもさしつかえないでしょう。ファシリテーターの役割を要約すると以下のようになります。

- ミーティングのアジェンダを明確にする。
- 活発な意見がでるように、議題に合った方法で話し合いを進める。
- メンバー全体から意見がでるように気を配る。一部のメンバーに場を独占させない。
- 意見につまった時に、別の見方からの提案を行う。
- 意見をまとめ、確認する。

- 論理的な分析を試み、承認を得る。
- ミーティングを通して目的を明確にし、方向が合っているのかを確認する。

良いファシリテーターのいるミーティングでは、効率があがると同時にグループメンバーの達成感も充実したものになります。また、ファシリテーターを経験することにより、スモールグループコミュニケーションのこつが掴めるようになります。学びの場でのグループワークでは、全員がファシリテーターに挑戦してみることを勧めます。

4-3 ブレーンストーミング

何らかの問題を解決しなければならない時や新しい方向性を考える岐路に立った時に役に立つのがブレーンストーミングです。この方法は、アイディアを生み出す時、創造性を刺激するために Alex F. Osborn の提唱する「創造的な思考」の理論に基づき編み出されました（Coon, 1975）。ブレーンストーミングは一見すると、何ら脈絡のない意見をグループメンバーが口々に言い合っているようにも見えますが、順序を踏まえた方法を学んで利用するとブレーンストーミングで話し合うことのみならず、グループの活性化にも役立つ利点があります。

ブレーンストーミングの決まりとしてグループメンバー全員が理解しておかなければならない法則は次の6点です。

1. トピックを明確にしておく
2. アイディアは質よりも量を重視する
3. 1つ1つの意見に評価を加えない
4. すべてのメンバーが参加できるようにする
5. 意見をすべて記録する
6. 司会役は意見が止まらないように工夫する

まず、全員が何のトピックについてアイディアを考えなければならないのかを明確にしておきます。脈絡の無いアイディアが次々に飛び出すわけですが、トピックはあくまでも1つに絞ります。そして、できるだけ多くのアイディアを出すことを重視します。現実離れした、ばかげたアイディアがでても、それに対していちいち意見を言うことをしないようにします。これは簡単なようですが、相手の話の内容に「それは、良いアイディアだ」とか「ちょっと経済面で現実的でないのでは」と反応をしていかないのは日頃のコミュニケーションとは違っているので戸惑うかもしれません。しかし、1つ1つのアイディアに評価を加えてしまうと、その時点でアイディアを限定してしまい、「創造的な思考」を求めて幅広く可能性を探ろうとするブレーンストーミングを行うことはできません。全く関連性のないアイディアでもそれに刺激を受けて、別の良いアイディアに結びつくことがあります。ですから、ブレーンストーミングを行うときは、参加者全員が自由に意見を言える場を作らなければなりません。この時に、メンバー間で遠慮をするようではいいアイディアは出てきません。

　ブレーンストーミングを行う時の役割ですが、意見をすべて記録し、次の段階に進めるように、誰か1人は記録係をします。記録係もブレーンストーミングに参加できるように交代でする等の考慮がいるでしょう。司会役、又は、グループリーダーはアイディアが止まらないよう発言が続くように、自分自身でアイディアを出したり、発言が止まった時にはそれまでの意見を簡単に繰り返したりしたりする等、場が滞らないようにする必要があります。アイディアが出尽くした後、次にすべてのアイディアを項目別に分けていき、それぞれの利点・欠点を評価しながら最もよいものを決めていきます。

　様々なグループメンバーが集まる場こそ、アイディアを出し合うブレーンストーミングは効果的な問題解決の手法だと言えるでしょう。継続的に続くグループでは、ブレーンストーミングのルールの元に自由に意見を出し合う機会を設けることで、グループ自体に日頃から意見を出しやすい雰囲気をもたらす効果もあります。

5 グループでの問題点

　グループで問題解決をする時、決断を下す時にグループの特徴やグループワークの過程から誤った方向へと向かうことがあります。Irving Janis(1982) はこれを Groupthink－集団愚考として紹介し、グループコミュニケーションの中でも常に気をつけなければならないと述べています。大学生のグループプロジェクトが失敗に終わった時、グループワークを振り返ってもらうと次のようなコメントがよく聞かれます。

ゆうこ：「皆で良くがんばったつもりだったんだけど」
ひろみ：「やっぱり時間が足りなかったのかな…」
けんじ：「トピックが大きすぎたのかな」
ゆうこ：「でもトピックは皆で選んだし、途中で変えようかといった時、皆これでいこう、って賛成したから」
ひろみ：「時間を考えると絞った方がよかったのかも」
さとみ：「私も時間を考えるとトピックが広すぎると思ったけど、あの時反対するとまた、時間がかかると思って…」
けんじ：「実は僕もそう思って何も言えなかったんだ」
ひろみ：「えー、皆そう思ってたの？私も実は…」

　集団愚考が起こる要因は幾つかあります。まず、グループの和を乱さないでおこうという暗黙の了解で反対意見を出しにくい状態にあるときに起こります。一見仲の良い、上手くいっているグループというのも詳しく分析するとお互いの意見に対する評価が少なく、グループで最高の結論を導こうというよりも雰囲気よく物事を運ぶ方を重視する傾向があります。また、グループの結束が固く、グループの性格や方向性が固まり過ぎたとき、なかなか新しい意見や批評的な意見が出しにくくなります。そして、リーダーの権力が強く逆らえない状態の時、外的な圧力を受けている状態の時にも起こりやす

くなります。

　集団愚考が組織的に起こると致命的な事故や不祥事につながります。スペースシャトルチャレンジャーの爆発事故の一因として集団愚考はよく取り上げられます(Lumdsen & Lumdesn, 2000)。当時はまだ冷戦状態でチャレンジャー打ち上げ成功には、アメリカ合衆国政府の威厳がかかり、国民の期待も大きくありました。NASA の技術者達は整備の欠陥についてある程度の予測はしていたものの、NASA 全体としては技術者の声よりも打ち上げの遅れに対する政府からの圧力や国民の期待に沿うような判断をし、結果的には間違ったものとなってしまいました。また、最近では CIA の調査グループがイラクの核保有に関する情報は誤ったものであり、それをホワイトハウスに伝えたのは "groupthink" によるものだったという声明を発表したのは記憶に新しいところでしょう (The Week, 2004)。相手が知りたいメッセージだけを伝えようとすると、結果的に誤った決断を導くことになります。

　集団愚考が起こる原因、グループの和を保つために暗黙に反対意見を控える、単一的な考え方に陥り情報不足の状態、極端な時間的制限、権力誇示に頼るリーダー、などからくることを認識しておくと、集団愚考を避ける工夫をすることができます。まず、意見を自由に言えるという決まりを作っておく、グループ内の偏った情報に頼ることなくグループ外からも情報を多く集めること、メンバー全員が情報や意見の批判的評価を加えることができるようにすること、自分達の価値観を認識し、他者の視点からも考えられるように確認すること、そして、外部の人からの意見を参考にするということです (Lumdsen & Lumdsen, 2000)。

　集団愚考には知らず知らずのうちに陥ることが多いです。グループ内で自発的に内外の圧力の状態や決断の仕方をこまめに評価することが大切です。

6．グループワークの進め方と自己評価

　授業の課題としてグループワークを行うにはグループ発達段階に従い活動

を確認しながら進めていくことが効果的です。また、それぞれの段階で自己評価を行うことも、成長を促すためのグループワークをしていることを再認識するために必要です。以下にグループの発達段階における活動例と自己評価表を入れていますので参考にしてみましょう。

6-1 グループの段階による活動例

①グループの始まり
- グループメンバーの自己紹介：自分の得意なこと、ペアで話した後にパートナーを紹介する、等、メンバーの名前と人柄を覚えられるような紹介の時間を設ける。
- グループ参加の動機と目的を確認：グループに参加した動機、グループワークで得たいことを各自紙に書く。グループ内で紹介する。この時、各グループメンバーの動機と目的意識がそれぞれ違うことを認識しておく。その上で、次のステップで決めるグループ規範へ活かしていくようにする。

②グループワークの開始
- グループ規範を決める：グループ活動をする上で必要な決まりをつくる。この時「常識だから」と何事も見過ごさないことに注意する。例えば、「集合時間に遅れる場合には連絡をする」と決める場合、何分遅れることを「遅れる」と見なすのかをこのときに話しておく。グループワークを行うにあたり必要だと思われることをグループで話し合う。時間、役割を果たす、ミーティングの進め方、意見の出し方、話し方、お互いの呼び方、リーダー、書記係など、を話し合う。
- ミーティングの進め方の確認：アジェンダの必要性、時間通りにまとめることを目標とする。【時間通りにミーティングを行うことは、慣れるまでに時間がかかる。ミーティングが終わるごとに、アジェンダ、スケジュールの運行状況を評価していくことが必要】

③グループワークの再確認

- グループワークの評価：グループワークを振り返るために評価を行う。自分自身のグループへの関わりを見つめ直す。
- 個人の目標達成：グループメンバーが各自目標としていたグループの役割を演じることができたかどうかを各自で確認する。

6-2　グループワークの自己評価項目

1. グループミーティング
- ミーティングの目的はメンバー全員が理解できていた。
- アジェンダは明確に立てることができた。
- メンバーがそれぞれの役割を果たすことができていた。
- 時間内に結論をまとめることができた。
- グループで収集した情報を全員が理解することができた。
- 決断の方法はメンバー全員に明確であった。

2. コミュニケーション
- 意見を率直に言うことができた。
- お互いにメンバーの話を聴くことができていた。
- フィードバックはコミュニケーションを促すものであった。
- 支援的なコミュニケーションが多くあった。
- 特定のメンバー間での一方通行のコミュニケーションではなく、全員での相互関係のあるコミュニケーションが行われた。
- 非言語コミュニケーション（椅子の並べ方、座り方、姿勢、等）にも気を配っていた。

3. グループワークの過程
- メンバー全員がグループの目標に対して共通の認識があった。
- グループのあり方に疑問があった時、話し合うことができていた。
- 各メンバーがお互いの役割を認識していた（認識は一致していた）。
- 各メンバーがリーダーシップを取ることができていた。
- グループワークへ貢献することへの動機をお互いに高めあうことができ

た。

以上のような評価ポイントを使い、グループワークを進めていくことで、単に「人数が集まってのプロジェクト」というよりも、グループでしかできないコミュニケーションの仕方を習得することができるでしょう。これには常に、グループ活動を意識させるように自己・他者による評価を行うことが必要になります。

実践してみよう！

1　グループの中での自分を知ろう

今までやってきたグループ活動での自分の役割を2つ紙に書きましょう。例えば、「聞き上手」「調べものはきちっとできる」「発表用のパワーポイントを作れる」など、小さなことでもよいので長所として書きましょう。次に今回のグループワークで自分がとりたいリーダーシップ（人の意見を引き出す役割、積極的に批判的な意見を言う役割、など）を書きます。それをグループワークがはじまる時にお互い発表しあいましょう。また、グループワークの途中でお互いに各自が目指したリーダーシップが取れているかを確認しあいましょう。

2　話し上手？聴き上手？

グループで話し手を一人選びます。話し手は他の人があまり詳しくないことを知っていたり、多くの人には馴染みのない趣味を持っている人を選びます（F1レースについて、昆虫採集について、スノーボードについて、化学用語について、など）。話し手はいかに専門用語を使わずに、知識のない人にも理解してもらえるかに気を配ります。聴き手は積極的に質問や言葉の確認をしながら話し手が気持ちよく話せる状況を作ることに注意をします。5分間話しおえたら、話し手、聴き手、それぞれの感想を聞いていきましょう。

3　皆わかってる？

　日頃よく使うことばについて再確認をしていきます。各自、次の言葉はどれくらいの意味なのかを書いていきましょう。

「集合時間にちょっと遅れる」

「ランチの値段が高い」

「この宿題はけっこう大変」

「すごく偉い人」

「発表の準備はなるべく早めに仕上げよう」

「とても忙しい」

「時々意見がでない」

「いつも静かだ」

　周囲の人と結果を比べて見ましょう。どれくらいの違いありましたか。

4　多いもの勝ち

　①5人から7人程度のグループをいくつかつくりましょう。クラスでトピックは何でもよいので決めます。(例：「電気代を節約する方法」「一日30品目の食事を低予算で取る方法」など)20分間でできるだけ多くの案を出します。この時、ブレーンストーミングの手順を確認しながら案をだすようにしましょう。できるだけ多くの案をだしたグループが勝ちとなります。

　②先ほど出た案をグループで話し合いながら系統だったカテゴリーに分けていきます。この時、ひとつの案ももれないようにします。そして、最終的にどの案がよいか決めていきます。30分後にグループで決めた案を明確な理由の裏づけとともに発表します。どのグループの案が説得力がありましたか。発表の後、決断までの過程をグループ内でふり返りましょう。

7章　支援のコミュニケーション
−共に成長するために

（キーワード：共感、ファシリテーター、プロセスの共有、内省、コーディネーター）

1　支援のコミュニケーションとは

　日本語教育でも、「支援」ということばをよく聞きます。では、支援とは、いったいどういうことでしょうか。「支える」という字を見てください。左右均等の形をしていますね。そして、両方から十の字をささえ、全体がうまくバランスがとれています。支えるというのは決して一方向からの力では成り立たず、双方向に力が加わっていく行為なのです。つまり、支援することは、一方向ではなく、双方向の学びなのです。支援をしていくためには、支援者／被支援者の枠を超え、双方に学び合っていくという視点が大切でしょう。

　筆者の所属する大学では、教育参加という授業があります。そのプログラムで、盲学校の生徒たちと遠足に出かけた学生が、レポートでこのようなことを書いていました。「一緒に山を登るとき、自分ががんばって生徒をサポートしようと相手の手を引っ張るとその子供は何度もころんでしまいます。でも、盲導犬がサポートしているとその子供は全然ころばないのです」。この文には、支援の難しさが書かれていますが、支援にとって何が大切かこの学生は盲導犬から学んだということができるでしょう。支援する側だけががんばっても支援が支援でなくなる場合があります。盲導犬のように

相手に寄り添いながら信頼関係を保ち、あくまで相手が自分自身の力で歩けるよう、サポートしていくことが大切といえるでしょう。

では、支援のコミュニケーションにはどのようなことが大切でしょうか。一口に支援といっても、相談や、学習を側面から促していく役割、グループ活動を促進していったりまとめたりする役割など様々です。ここでは、コミュニケーションに焦点をあて、1）相談の相手　2）ファシリテーター　3）コーディネーターのケースに分けて、「支援のコミュニケーション」について考えていきたいと思います。さらに支援の問題解決に必要なコミュニケーション能力についても考えていきたいと思います。

2　相談場面におけるコミュニケーション

日本語教育の場面で、教室外でも学生から相談を受けることが数多くあります。進路のこと、生活習慣のこと、人間関係のことなど、様々でしょう。では、相談場面には、どのようなコミュニケーション能力が必要でしょうか。ここでは、相談場面におけるコミュニケーション能力について、考えていきたいと思います。カウンセリングの分野では、カウンセラーは、「相談援助のコミュニケーションにおいて、まず、クライアント（相談者）の発言内容を十分傾聴した上でクライアントはカウンセラーにどのような援助を要求しているか判断し、適切な応答を選択することが大切」（上地、1990）とされています。日本語教育の相談場面でも当てはまるといえるでしょう。但し、相談内容によっては、日本語教師だけで解決できず、専門家（カウンセラーや医者など）に相談した方がよいケースもあります。相談を受けた場合には自分自身の対応で十分か、専門家に相談をするようにアドバイスした方がよいか適格に判断することがまず求められます。

では、具体的に相談にのる場合にはどのようなコミュニケーション能力が必要でしょうか。ここでは、相談場面で必要なコミュニケーション能力について考えてみましょう。

2-1 傾聴的態度と非言語コミュニケーション

傾聴的態度は、相手の話を聞くときに示す聴き手側の身体的動作のことです(上地 1990)。あなたは、相談場面で相談に応じるとき、どのような動作をしているでしょうか。また、もしもあなた自身が相談をするとき、相手にどんな動作で対応してもらうと安心できるでしょうか。考えてみましょう。

上地(1990)は、ガッズダーら(Gazda, G.M. et al., 1984)をもとに、傾聴的態度として次のような非言語行動が好ましいとしています。

相手との距離	ほぼ腕の長さ
身体の向きと動き	相手に向かう
姿勢	リラックス　注意集中的　前向きに軽くもたれて座る
視線の交合	規則的
時間の共有	直ちに対応
両脚の位置	両脚を前にそろえて心持ち引く
顔の表情	感情と一致
ゼスチャー	言葉に合わす　慎み深い
声の大きさ	正確に聞き取れる
話し方(調子)	普通かあるいはゆったりしている
活力(エネルギー)	機敏な

もちろん、相談の状況、相手の心境などは個々に異なるので、あくまで参考にしていただければと思います。例えば相手の向きなどは直面するだけではなく、やや斜めの120度ぐらいの向きの方がリラックスできる場合もあります。相手との心地よい対人距離も個人差があるかもしれません。

非言語コミュニケーションは、無意識な部分が多いだけに改めて意識することは難しいものです。しかし、非言語動作が相手に無意識のうちに影響を与えるということを意識化しておくことが大切でしょう。無意識に腕や脚を

組んで話をきいていないかどうか(教師は腕を組んでいることが多い)、頻繁にあいづちをうちすぎていないかどうか、話し方が速すぎないかどうか(教師には早口の人も多い)など、チェックしてみましょう。

また、非言語コミュニケーションも言語コミュニケーションと同様、双方向に影響を及ぼし合っている、という視点も重要でしょう。腕を組んで防御的な姿勢で話をしていると、いつの間にか相手も腕を組んで聞いている、ということがあります。相談を受けるときは特に自分自身の出す非言語メッセージに敏感になりかつ意識化しておく必要があります。

自分自身の非言語メッセージを意識化すると同時に、相手の非言語メッセージを読み解くことも相談場面では特に必要です。顔色がよくない、頭をたれる、背中を丸めている、手をこするなど、非言語メッセージから相手の情緒に関連するサインが読み取れます。このようなメッセージにも敏感になる必要があるでしょう。

2-2　共感とコミュニケーション

共感(empathy)は、コミュニケーション、特に相談場面のコミュニケーションを考える上でも極めて重要です。ロジャーズ(Rogers, C.R., 1966)は、共感について「共感とは、セラピストがクライアントの宇宙の中に完全に入っていくことである。それは今ここの現在の中にある瞬間そのものの敏感性である。クライアント自身が個人的に意味づけている内面的世界をあたかも自分自身の世界であるように感じることである」と述べています。私たちは相手のことを完全に理解することはできないでしょう。ロジャーズの述べる完全な「共感」はできないかもしれません。しかし、相手の立場に立って相手の内面的世界を感じようとすることはできるのではないでしょうか。これは、単に興味で相手の内面的世界を知ろうとすることとも異なります。

では、具体的に相談場面で相談する者と受ける者の間に共感が成立するためにはどのようなコミュニケーションがふさわしいでしょうか。ガッズダーら(1984)は、クライアントとの援助関係に共感が成立するには、クライア

ントの感情を理解するだけではなく、理解したことを言葉で置き換える必要があるとして次の3段階を挙げています。

(1) クライアントの発言を注意深く傾聴する
(2) クライアントの感情やクライアントが現在置かれている状態を表現する言葉を考える
(3) これらの言葉をクライアントに告げることで、クライアントの感情と立場を理解しようと努力していることをクライアントに伝える

つまり、相手を理解しようとする気持ちを持つだけではなく、それを相手に対して言語化していくということが大切であるとしているのです。言語化することによって、相手に理解しようとしている気持ちを伝えることができるのです。そのことが伝わればクライアントも相手のそのような気持ちを理解しようとすることができるでしょう。共感は決して一方向ではなく、双方向なのです。

日本語教育の現場でも様々な相談場面があります。中には日本語を母語としない学習者が自分の状況について、日本語で事実は述べることができても、感情までは外国語である日本語で伝えられない場合もあります。「安心して表現できる言語」で相談できることが大切でしょう。母語でも相談が気軽にできる環境も必要ではないかといえるでしょう。

2-3 相談場面の言語コミュニケーション

では、相談場面の言語コミュニケーションにはどのようなものがあるでしょうか。相談場面の言語コミュニケーションの特徴は、受けとめる、聴く、ということを重視していることにあるといえるでしょう。ここでは、カウンセリングで用いられる幾つかの技法の中で、教育場面や言語コミュニケーションに関連するものを取り上げます。

カウンセリングの中で「応答技法」という方法がありますが、アイビー (Ivey, 1985) はこれをさらに整理、分類した上で面接の訓練システムを確立しようとしました。ここではアイビーが命名した「マイクロ技法」という方法の一

部を、事例と共に紹介します。

【促す】
　例えば、「それで？」というように傾聴していることを相手に示し、気持ちを話すことを続けるように促す短いことばをかけること

【反射】
　相手の語りの中で、「今ここで」経験されている「感情的な側面」をキャッチして、本質的な気持ち(意味の核心)を受け取ってそれを相手に(鏡のように)返す方法
　例Ａ「来週テストだからどきどきして眠れないの」
　　　Ｂ「そう、どきどきして眠れないのね」

【言い換え】
　クライアントが用いる重要な言葉、またはより適切な言葉を用いて相手の発言内容を明確にして伝え返す方法
　例Ａ「来週テストだからどきどきして眠れないの」
　　　Ｂ「来週テストなので不安なのね」

【要約化】
　相手の発言を整理して重要なテーマを簡潔に要約して相手に返す
　例Ａ「私は将来Ｆ高校に進学したいのですが、両親はＳ高校に行きなさいとすすめるので、どちらにしたらいいのかわからなくて、何度も親と話したんですが、ますます混乱してきて、どっちにも決められないんです」
　　　Ｂ「Ａさんとご両親の間でＦ高校とＳ高校のどちらに進学するか意見が分かれていて、まだ決められないでいるんですね」

【質問】
　面接を方向づけ、展開を促し、話題の転換や探索に役立ち、焦点を浮き彫りにする。閉じられた質問と開かれた質問に分けられる。「なぜ？」という質問は多用しないのが原則。

例A「私は将来F高校に進学したいのですが、両親はS高校に行きなさいとすすめるので、どちらにしたらいいのかわからなくて、何度も親と話したんですが、ますます混乱してきて、どっちにも決められないんです」
　B「ご両親はS高校にすすめることについてどうおっしゃっているんですか」
（松本卓三『教師のためのコミュニケーションの心理学』「カウンセリングに置ける応答技法の分類と意味」を一部参考　会話例は筆者作成）

　ここに挙げた例はあくまでも一例ですが、このように、相手の相談にどのような言葉で返すのかということが、相談のしやすさや、話の展開に影響を及ぼすのです。相談に応じるとき、どのような言語コミュニケーションを行うかを意識化しておく必要があるでしょう。ここでは、いくつかの方法について触れましたが、実際には必ずしも予測した通りにコミュニケーションが行われるとは限らないでしょう。例えば、相手の意味の核心をついて反射しているつもりが、そうではない場合もあるでしょう。そのような場合は、そこで止めずに別の部分を反射させたり、別の方法を試みることが大切でしょう。

まさこ：明日テストなんだけど、まだ準備していないしとても不安なの。
先　生：まだ準備していなくて不安なのね。
まさこ：テストの内容が難しいかどうかわからないから、不安なの。
先　生：そうだったの。テストが難しいかどうか不安なのね。

　ここでは、先生は、1回目の反射を行いますが、相手の意味の核心をつくことができませんでした。まさこさんの応答を聞いてもう一度相手に返し直しています。相談場面におけるコミュニケーションには「マニュアル」はなく、また一方向のコミュニケーションではありません。その状況に依存し、

双方で影響を及ぼし合いながら協働でつくりあげていくプロセスであるといえるでしょう。

2-4　年少者の相談場面

近年、日本語教育の対象者には年少者の数も増加してきています。おそらく相談場面も今後増えるのではないかと思います。年少者の相談にはどのようなことに留意する必要があるでしょうか。

ここでは、ネルソン・ジョーンズ (Nelson-Johns, 1993) を参考にして松本 (1996) が挙げている「児童生徒の話を聴くスキル」を紹介しましょう。

> (1) 普段から「話しても大丈夫な先生」という雰囲気をつくる。
> (2) 場合により、教師から生徒に「きのうどうだった？」のように話す機会を与える。ただし、尋問にならないようにする。児童生徒が話を始めたら聴き手に徹する。
> (3) 児童生徒が話を始めたら、話すことを励ます短い言葉をかける。例えば、「うん、そうだね」「なるほど」など。話を続けるように励ます場合は、開いた質問をする。
> (4) 児童生徒が話している最中は、相手の話を聴いているというメッセージを非言語で送る。
> (5) 「反射」(reflection) を用いて「あなたの話を理解している」というメッセージを送る。反射とは、話し手の言語、非言語コミュニケーションの意味の核心を相手に返すことである。

年少者の場合は特に相手からの影響を受けやすいといえるでしょう。ちょっとした励ましや応答の仕方など、相談を受ける人の態度、言語、非言語メッセージが及ぼす影響が大きいということを心にとどめておく必要があるでしょう。例えば、自分で描いた絵を見せにやってきた児童に「よく頑張ったね」と返すのと、「あ、そう」と返すのでは、相手に対する影響は全

く違いますね。皆さんもちょっとした周囲の大人の励ましに勇気づけられたことはなかったでしょうか。小さかった頃を思い出してみてください。

3 ファシリテーターのコミュニケーション

3-1 ファシリテーターとは何か

　学習や活動を側面から支え、促進させていく役割の人をファシリテーターといいます。一方向的に教えるのではなく、参加者を側面から励まし、サポートしていくという立場です。例えば、自転車に乗る時に、「まず右足からペダルに足をのせて、力を入れて」と知識で教えるよりも、「大丈夫だよ、そのまままっすぐこいでみてごらん」と励ます方が効果的でしょう。この場合、相手との信頼関係も大切ですね。

　ファシリテーターという言葉を初めて用いたのは、非指示カウンセリングの創始者であるロジャーズ (1968) といわれています (津村、2003)。ロジャーズは、カウンセラー養成のためのベーシックエンカウンターグループというグループアプローチを開発しましたが、その中で、グループの中に入ってメンバーやグループが成長するよう働きかける教育スタッフをファシリテーターとよびました (津村、2003)。

　ファシリテーターは、カウンセリングの場面だけではなく、学習、スポーツ、ビジネスなど様々な場面でそれらの活動を側面から促進する役割として重要な役割を果たしています。また、ファシリテーターは、一人を相手に側面から支援することもあれば、グループを相手に支援することもあります。なお、本書では6章「グループコミュニケーション」でもグループコミュニケーションのファシリテーターについて扱っています。

　ファシリテーターは、参加者と共にあり、個々のメンバーから力を引き出し、融合し、対話を促進させていくことが要求されています。支援のコミュニケーションだけではなく、教育の場面においてもファシリテーターの存在は欠かせないといってよいでしょう。佐藤 (1988) は、現代の

教師が直面している諸問題は、これまで近代の教師のめざしていた「技術的熟達者(technical expert)」ではなく、教師に「反省的実践家(reflective practitioner)」としての生き方への転換を求めているとし、反省的実践家としての教師は「教室の出来事を省察し、意味と関わりを構成しながら、子供の学びを触発し促進する者」としています。特に教育場面におけるファシリテーターの場合、佐藤の述べるような役割が重要になってくるといえるでしょう。

　以下では特に支援のコミュニケーションに焦点を当て、ファシリテーターの役割を考えていきたいと思います。

3-2　ファシリテーターに必要な心構えとは

　では、具体的にファシリテーターにはどのような心構えが必要なのでしょうか。山口(2003)は、ロジャーズ(Rogers, 1970)のファシリテーターとしての心がけを次のようにまとめています。

1)　グループのプロセスを信頼する
2)　グループを特定の目標に向けない
3)　促進者であるが、参加者でありたいと願っている
4)　注意深く傾聴する
5)　心理的に安全な状況をつくる
6)　グループのありのままを受容する
7)　メンバーのありのままを受容する
8)　過去よりも現在の感情により良く反応する
9)　個々のメンバー、グループ全体に対して関心を持つ
10)　共感的理解を持って接する
11)　個人、グループに対する持続的な感情は表明する
12)　個人の自己防衛は攻撃しない
13)　対決の際は、自分の中に生じた気持ちを表明する
14)　個人的な問題を抱えているときは、それを表明することを恐れない

15) 技法の使用は、自発的であることが大切である
16) プロセスの解釈、個人の行動の解釈はしない
17) グループ内に非常に重大な問題が生じた時は、メンバーを信頼する

現在、ファシリテーターの役割や場面も多様化しており、この心構えはすべての状況にあてはまるとは限らないでしょう。また実際の現場は非常に複雑で多様性に富んでいます。個々の事情により、様々なケースがあるため、これらはあくまで1つの参考にしていただければと思います。実際の現場に対峙し、状況を読み取りながら、どのようなサポートが適切か考え創りだしていく力もファシリテーターには必要でしょう。

3-3 ファシリテーターに必要なコミュニケーション能力とは

支援のコミュニケーションを考えるとき、ファシリテーターの役割を考えることは欠かせないといってよいでしょう。ファシリテーターは、個々のメンバーから力を引き出し、融合し、対話を促進させていくことが要求されています。では、具体的にはファシリテーターに必要なコミュニケーション能力とはどんな能力でしょうか。

3-3-1 広い視野と柔軟性

枠にあてはめないで物事を捉えることのできる広い視野と柔軟性がまず必要でしょう。特に、アイデアを互いに出し合っていくブレーンストーミングの段階では、枠にとらわれない自由な発想や柔軟性が必要になります（ブレーンストーミングについては6章「スモールグループコミュニケーション」参照）。そのような中で、様々なアイデアを出し合うことができるでしょう。次の文を見てください。皆さんはどちらがアイデアを自由に出し合うことができると思いますか。

> A 皆さんいいアイデアがあったらいってください。
> B 皆さん思いつくままアイデアを挙げてください。

Aだと「いいアイデアを出さなければならない」ということに拘束されてしまいがちですね。一方、Bだといいアイデアかどうかにこだわらず、自由に挙げることができそうです。このように問いかけの仕方そのものがアイデアを出せるかどうかということに影響するのです。またちょっと的を外れたアイデアと思っても、とりあえずどんどん意見を出してもらう柔軟性が必要です。

3-3-2 評価を下さない

また、様々なアイデアを出し合っているブレーンストーミングの時は、特に「評価を下さない」態度が大切です。何か新しいアイデアを出し合うとき、「これは面白いアイデア」「よくないアイデア」と評価を下してしまいがちですが、それをいったん保留して、評価を下さないでどんどん新しいアイデアを出していく土壌をつくっていくことが大切でしょう。次の会話を見て下さい。

> 早川さん：皆さん今度の研修旅行に関してどんなところへ行ってみたいでしょうか。何かアイデアはありますか。
> 上田さん：X県の史跡めぐりというのはどうでしょうか。
> (早川さん：とてもいいアイデアだけど、旅費の方は大丈夫かなあ。予算の面で現実的ではないと思うけど…でも、とりあえず他の意見も聞いてみよう)
> 早川さん：そうですか。他にありますか。

早川さんは、研修旅行に関してアイデアを出してもらうのを促進する役割

ですが、上田さんの意見が予算の面で現実的ではないと思っています。しかし、そのことを言語化して即座に判断せず、他の意見も広く聞こうとしています。もしも、ここで早川さんが即座に判断して言語化してしまうと、全体の中でそれ以上意見が出なくなってしまう恐れがあります。

3-3-3 メンバーの力を引き出す

　メンバーの力を引き出していくということもファシリテーターの重要な役割の1つです。教育という言葉の語源はラテン語でeducate、つまり「引き出す」という意味といわれています。ファシリテーターもこのように「引き出して」いくことは大切な役割といえるでしょう。そのためには、まずファシリテーター自身が、相手の潜在的な力を信じることが大切です。しかし、信じているだけではなく、そのことを何らかの形で言語化し、それを相手に伝えていくことも状況によっては必要でしょう。

　例えば、初めて泳いだ時の経験はどうでしょうか。初めて顔を水につける時、「大丈夫、できるよ」と一言言われたことで、勇気を出してできた、ということはなかったでしょうか。相手の力を引き出していくためには、相手とのコミュニケーションそのものも重要な役割を果たしているのです。

　しかし、相手に潜在的な力があることを信じることは、相手を助けすぎることではありません。時にはその潜在的な力が発揮できるのを「待つ」ことも大切です。次の会話を見てください。

先　生：さち子ちゃん、課題できた？
さち子：まだできていないんだけど。
先　生：大丈夫だよ、できるよ、できる、さち子ちゃんなら。

　先生は、さち子ちゃんに対して励ましているつもりなのですが、この場面では実はさち子ちゃんはもう少し言いたいことがあったのでした。しかし、それを待たずに先生は励ましてしまいます。このような一方的な安易な励ま

しは禁物です。コミュニケーションは一方向ではなく、あくまでも双方向なのです。

3-3-4 状況への感受性

　状況への感受性もファシリテーターには大切でしょう。柳原(1976)は、ファシリテーターに必要な態度姿勢として、「状況への感受性が豊かであること」を挙げています。

　支援を行う場所というのは、実に多様です。そしてその場は刻々と変化する場でもあり、常にダイナミックに変わっていきます。今、どのような状況なのか、常にその状況の変化のプロセスと共にあるという意識が必要といえるでしょう。自分が「このように支援を行う」とあらかじめ決められた枠組みやものの見方で相手に接してしまうと、その場の状況がよく読み取れないことがあります。どのような状況か読み取るにもコミュニケーションは重要です。相手が実はもう決断していてそっと肩を押してもらいたいだけの時もあるかもしれないし、アドバイスを求めている時もあるかもしれません。そのためには、相手の状況を決めつけたような「今○○という状況なのですか」という閉ざされた質問よりも「どんな状況なのですか」という開かれた質問の方がより柔軟に状況に対応することができるでしょう。(開かれた質問、閉ざされた質問については「自己開示」の章参照)

3-3-5 対話の促進

　特にグループ活動を側面から促していくファシリテーターの場合には、対話の促進が挙げられるでしょう。3-1で述べたように、もしもアイデアをたくさん出してもらう場面であれば、できるだけ自由に多くのアイデアを出してもらう工夫が必要です。行きづまってしまった場合は、解決のためのヒントを出したり、話の内容を整理するなどの役割も必要でしょう。今なぜ行きづまっているのか話の内容を整理することで、広い視点から捉え直すことができます。

また、話が拡散しすぎたときは、収れんしていく方向に、逆に収れんしすぎてしまったときは広がる方向に促していく役割も対話の促進に必要です。

拡散しすぎてしまったときは、

・どのような方向（ゴール）に向かって話を進めようとしているのか明確にする

・重要な意見を取り上げてゴールに向かうように促す

逆に、収れんしすぎてしまったときは

・開かれた質問などで様々なアイデアを自由に出してもらうように促す

・話が広がる方向に進むよう話題を提供する

このようにしてグループの対話を促進していく役割が求められます。

3-3-6 プロセスの共有

次に、場全体を共有し、対話のプロセスを共有していく力も挙げられます。コミュニケーションの語源は Communis、つまり「共有する」ということと言われています。メンバーが場を共有し、対話のプロセス自体を共有するためには、対話のプロセスを言語化していくことが挙げられます。以下は、ミーティングの中の質問例です。もしあなたが今回初めてミーティングに参加する立場だったら、次の中山さん、木村さんのどちらの発言がわかりますか。

中山さん：今、鈴木さんはなぜよくないと思っているのですか。

木村さん：今、加藤さんが「そのプロジェクトは面白い」という意見をいっていますが、これまでの会議でも何人か「よくない」という意見が出ていて、全体がまとまりませんね。今回の会議では全体を1つの意見にまとめて、対策をたてていきたいと思いますが、まずよくないとおっしゃった人から意見を聞きましょうか。例えば鈴木さんはよくないという意見を持っているということですが、どういう理由からですか。

中山さんは、鈴木さんがなぜよくないと思っているのか、ということを聞いていますが、今回の会議にはじめて出席する人にとっては唐突すぎてどういう状況でなぜこのような質問をするのかということが理解できません。一方、木村さんの場合は、前回まで欠席していても、どのような議論がありどういう状況でこのような質問をしているのか、つまりこれまでの議論のプロセスが共有できるような発言になっています。このように共有することはコミュニケーションの原点ともいえます。また、木村さんの発言のように、「コミュニケーションについてコミュニケーションすること」をメタコミュニケーションと言います。このようなメタコミュニケーション能力もファシリテーターには必要といえるでしょう。

3-3-7　内省を促す

　特に体験学習の場合、内省も重要な学びの場ですが、ファシリテーターには、内省を促していく役割が重要な役割となります。では、体験学習で内省を促す場合どのようなことが大切でしょうか。

　まず、学習者に、体験学習において、体験の後の内省も重要な学びの一部であることを意識化させることが大切です。内省は、体験を行動面、感情面においてふり返っていくプロセスです。そのプロセスの一部は個人内コミュニケーションであり、さらに言語化することによって個々の内省を他のメンバーと共有することができます。

　では、内省を促すにはどのようなコミュニケーションが必要でしょうか。

　まず、次のように①行動面②感情面を引き出していくことが大切でしょう。体験後にどんな感情だったか聞いてみたいという気持ちは出てくると思いますが、参加者はすぐに感情面を出すことは難しいのです。最初に行動面を引き出し、感情面を引き出していくことが大切でしょう。

　①どんな行動をしましたか。
　②そのときどんな気持ちでしたか。

このとき、この問いかけに対し、参加者が自分自身の中で自己内コミュニケーションが行われます。例えば、「そのグループに入って活動をするときに、なかなかアイデアが出なかった時なんとかアイデアが出せるように皆に質問してみた」「そのときなかなかアイデアが出なかったのでいらいらした」のように。もちろん参加者にとっては、個人差もあるでしょう。

それらを言語化していくプロセスを共有していくのがファシリテーターです。決して尋問するのではなく、このプロセスを参加者と共に歩くという意識が大切でしょう。そして、言語化するのを促すだけではなく、内省することが重要な学びになるということを意識化させていくことも大切です。

3-3-8 関係調整能力

ファシリテーターにとって「関係調整能力」の大切さも挙げられます。渡辺（2002）は、技術指導を海外の任地国でうまく行った技術者は、さまざまな事柄の「関係」のあり方をよく観察し、それらの「関係」をうまく調整することによって効果的な技術指導を行ったと考えられる、としています。つまり、関係のあり方を意識化していくことの重要性を挙げているのです。そして、渡辺は「自分や相手の価値観や感情にとらわれずにひたすら関係のあり方を冷静に見定め、関係をうまく調整することによって課題を達成していく能力」を統合的関係調整能力と名づけています。この統合的関係調整能力を具体的に育成するために、渡辺はエポケー（5章「対人コミュニケーション」参照）の必要性を挙げています。

この「関係性」を重視した捉え方は、ファシリテーターにとって重要といえるでしょう。人はとかく自分や他人の感情や価値観にとらわれてしまう傾向があります。しかし、そういった感情や価値観、判断をせずに物事を関係性に着目してみていく、という姿勢は大切でしょう。そういう姿勢から新たな認識がたえず浮かび上がってくるのです。そういう新たな認識から物事をみていく視点が、様々な人間関係の問題解決や関係構築に結びついていくのではないでしょうか。

4 コーディネーターのコミュニケーション

4-1 コーディネーターとは何か

　最近日本語教育でもコーディネーターという言葉をよく耳にします。日本語学習支援についてのコーディネーターについて、野山・有田(2004)は「日本語学習支援に関わる様々な人や機関等をつなぎつつ、最適な日本語教育関連事業の企画・運営に向けて日夜知恵を絞っているつなぎ役」としています。また、日本語学習支援におけるコーディネーターの役割としては、これまでいくつか言及されていますが、例えば、①住民として共に育む場の創造②地域内ネットワークの構築③学習者の地域参加の場作り④問題意識の共有と問題解決の仕組みづくり(杉澤、有田、2004)等が挙げられています。特に最近ではコーディネーターとしての役割変化への意識の必要性や研修の必要性が言われており、平成13年度から「地域日本語支援コーディネーター研修」が文化庁からの委嘱を受け、(社)国際日本語普及協会によって実施されています(関口、2004)。これは「全国各地に在住する外国人に対する日本語学習支援の体制の整備を図るために既に外国人に対して日本語等を支援しているボランティアの中から中核となるコーディネーターを輩出していこうという目的で行われている」(関口、2004)ものです。

　また、日本語学習支援のコーディネーターに求められる資質や能力については、野山・有田(2004)が①日本語教育の関連領域に関する知識と実践力②平明・的確な日本語で伝える言語運用能力③ネットワーク構築力④判断留保(エポケー)を挙げています。これらの他に、野山(2003)では、言語運用能力と編集能力、ホリスティックな言語支援活動の場の提供を行う環境設計能力、徳井(2003)では多様な視点、統合的関係調整能力、多様性から新たな創造をしていく力、状況把握力等が挙げられています。

　このように、既に日本語学習支援の立場からコーディネーターについては議論されてきていますが、本書では、これらの議論もふまえつつ、日本語学習支援や日本語教育との関わりをも含めた広い意味でコーディネーターを

「グループ内外の対話やネットワーキングを促進させたりしながら、様々な企画・実行を推進していく存在」と捉えたいと思います。コーディネーターは人と人だけではなく組織をもつないでいく存在であり、そのために「コミュニケーション」は非常に重要な存在となってきます。しかし、ひとくちにコーディネーターの役割といってもおかれた状況は非常に多様であり、また地域差等もあるでしょう。例えば、金城(2003)は、沖縄では、特に日本語支援コーディネーターとなって活動する人がいない理由として、移民先からの帰国者やその子弟などは地元に親戚がいるケースが多く、困ったときに頼れる親戚、縁者がいること、さらに移民先からの帰国者やその子弟同士がネットワークを形成していること等を挙げています。また富谷(1999)は沖縄での調査から「東京と沖縄では、別の方法でのネットワーキングや問題解決が行われているかもしれない」ことを挙げています。ネットワーキングやコーディネーターの必要性については地域差などがあるといえるでしょう。役割そのものをマニュアル化せず、状況を読み取りながら必要性や役割を考えていくのも大切ではないかと思います。

4-2　コーディネーターに必要なコミュニケーション能力とは

　では、コーディネーターにとって必要なコミュニケーション能力とはどのようなものでしょうか。コミュニケーションという視点から考えると、コーディネーターは、一対一のコミュニケーションだけではなく、多数のコミュニケーションや多様な場や状況に対応していくコミュニケーション能力が求められます。グループ内だけではなく、グループ外とのネットワークづくり、問題解決なども行うなど多様なコミュニケーションを行うことが要求されるのです。

　そういう意味で、コーディネーターに必要なコミュニケーション能力としては、本書で述べた対人コミュニケーション能力(5章「対人コミュニケーション」参照)、グループワークのスキルやリーダーシップ(6章「スモールグループコミュニケーション」参照)、ファシリテーターとしての能

力(6章「スモールグループコミュニケーション」および本章参照)の他、問題解決能力などが挙げられます。また、グループプロセス(6章「スモールグループコミュニケーション」参照)や対人関係構築(5章「対人コミュニケーション」参照)について感受性を高めておくことも必要でしょう。

　このように書くと、コーディネーターに求められているコミュニケーション能力は幅が広く、相当の実力者でないとなれないと思われる方がおられるかもしれません。しかし、そのような完璧な人は最初からほとんど存在していないというのが実際でしょう。能力そのものはもともと備わっているものではなく、現場との相互作用から学んでいく、つまり現場の仕事を通じながら学んでいくOJT(On the Job Training)の姿勢が大切ではないかといえます。つまり、能力は最初から固定的に存在しているのではなく、現場での経験や相互作用を通じて活性化していくのです。そしてその相互作用そのものにもコミュニケーションが基本になる、ということを意識しておく必要があるのではないでしょうか。

　筆者は、コーディネーターのコミュニケーション能力を考えるとき、上記で挙げた様々な能力の他に、一側面から捉えるのではなく、相矛盾し、一見対立するような視点や能力を融合させていく能力も必要であると考えています。以下では、一見対立し、異質に見える視点や能力を融合させていく能力という観点から見ていきたいと思います。

4-2-1　当事者と観察者の視点

　まず、コーディネーターは、プログラムを行う当事者です。当事者として現場に向き合っていく「当事者としての視点」がまず必要になってきます。「現場はどのような状況なのか」「メンバーはどのような様子か」「プログラムはどのような状況か」など内部の当事者の視点から向き合っていく能力が必要になります。しかし、ともすれば、その視点のみだと偏ってしまい、主観的になりがちです。当事者の視点を持つと同時に、外部からの観察者の視点を持つことがコーディネーターには大切でしょう。プログラムそのものを

客観的に外部から観察する視点です。プログラム全体が外部から見た場合、どのような状態なのか、外部にわかりやすく説明ができるのか、どのような位置づけか、またどのような評価を受けているのか外部の目で冷静に観察する視点を持つことも必要でしょう。また、長期的な視野からプログラムを捉えてみることも大切です。一見行き詰っているように思えても長期的な視野から前向きに捉えていけば解決の糸口が見えることがあります。また内部では一見うまく行っているように見えても「外部からはどのように捉えられているか」「なぜうまく行っていると感じているのか」と冷静な視点から分析することも大切です。内部と外部の双方の視点を持つことで、主観的すぎず客観的すぎずバランスのとれた視点で見ることができます。

4-2-2 総合的な視点と分析的な視点

次に、総合的な視点と分析的な視点の双方が必要なことが挙げられます。

総合的な視点とは、全体を見ていく視点です。全体を総合的に捉えていきます。個々の事柄を細かく見ていくというよりは、むしろ個々を関連づけ、全体的にまとまりのあるものとして捉えていきます。分析的な視点は、個々の事象を別々に捉え、それぞれを細かく見ていく視点です。

分析的な視点は詳細に見ていくのには大切な視点ですが、この視点のみだと細かいところばかり気になり、「木を見て森を見ず」という状況になってしまったり、行きづまったりしてしまいます。しかし、総合的な視点から捉え直すと、別個に見えていた事象が関連性をもつものとして捉え直されたり、より広い視点から状況の輪郭を捉え直すことができ、行きづまっていた問題が解決できたりします。

例えば、学習者が何か問題を抱えて相談に来たとしましょう。例えば、次のことを悩みとして話したとします。さて、あなたはこれをどう受けとめますか。

①友人関係で悩んでいる

②食事があまりのどを通らない
③来週の見学旅行に行きたくない

　一見別々の問題のように思えます。もし、分析的な視点からこの問題を解決しようとすると、①については、友人関係のこじれの状況や原因を聞き、それに対する対策を考え、②については食生活や健康について状況を聞き、③については、なぜなのか、集団行動が苦手なのか、場所が行きたくない場所なのか等聞くでしょう。それぞれの問題を別々のものとして1つ1つ解決しようとする分析的視点のみでは、見えない部分があるかもしれません。しかし、これをもし総合的視点から①から③までの問題を結びつけて考えてみると、「友人関係で悩んでいるため、食事も通らず、見学旅行にも行きたくない」と、関連性のあるものとして捉えることができ、問題の所在が見えてきたりするのです。
　分析的視点と総合的視点はそれぞれ別の視点ですが、片方のみの視点だと解決できないこともあります。双方の視点を持つことが大切といえるでしょう。

4-2-3　目的達成と人間関係構築の視点
　何かを決定したりプロジェクトを進めようとしたりすると、目的達成型のコミュニケーションと人間関係重視型のコミュニケーションスタイルの違いで誤解や衝突が起きてしまう場合があります。
　例えば、次の会話を見てください。

> 川口課長：来週までにプロジェクトを完成させたいのですが、どこまで仕上がりましたか。
> （川口課長：プロジェクトがどこまで仕上がったか情報を得たい）
> 木下さん：今担当部分を金子さんとやっていますが、金子さんが来週一週間出張に出かけるので、その準備で忙しいらしく、うまく連絡がとれていないんです。
> （川口課長：プロジェクトの出来ではなくて、金子さんのことばかり話している）

　川口課長は、木下さんからプロジェクトの出来についての情報を得るという目的を達成できず、ストレスがたまっています。一方、木下さんは、状況や金子さんとの人間関係を詳しく説明した方がいいと思って説明しています。川口課長は目的達成型、木下さんは人間関係重視型のコミュニケーションスタイルのため、お互いの期待に食い違いが生じてしまったのです。このようなコミュニケーション摩擦はよく見られます。しかし、目的達成と人間関係の構築はどちらも大切でしょう。この両者を排他的な関係として捉えずに、相互補完的な関係でとらえていく視点が大切ではないでしょうか。具体的には、人間関係を重視しながらも目的を達成しようとするコミュニケーションです。上記の例でいえば、川口課長の問いに対して、次のような回答です。

> まだ80％ぐらいしか仕上がっていないのです。一緒に担当している金子さんが出張等で忙しくうまく連絡がとれていないのではかどっていないんです。

4-2-4　マクロなレベルとミクロなレベルの視点

　コーディネーターは人と人をつなぐ重要な役割です。人と人の関係や個人

の心理といったミクロなレベルだけではなく、組織と組織の関係等の人をとりまく社会といったマクロなレベルを関連づけていく視点が必要といえるでしょう。

　人と人をつないでいくためには、対人関係の構築力や個人の心理も大きく影響を及ぼします。どのように対人関係を結んでいくかはコーディネーターの存在あるなしで大きく異なります。しかし、いくら対人関係の構築力が優れているコーディネーターでも、「今、ここで」支援している状況が、どのような歴史的状況や政策などのもとにあるのか、マクロなレベルの社会的背景と関連づけて考えなければ、「支援」そのものが現実のものとならないのではないでしょうか。本人が対人関係を構築し、いい「支援」をしていると思い込んでいても実はマクロなレベルから見れば、「支援している」とはいい切れない場合もあるかもしれません。

　今、どのようなコンテクストの中で支援が行われているのか、ということを常に問い直しながら、ミクロなレベルとマクロなレベルを関連づけながらコミュニケーションを行っていく能力も必要ではないかと思います。

4-2-5　問題解決のコミュニケーション

　支援を考えるとき、具体的には様々な問題に向き合い、解決していかなければならないことが出てきます。その多くは、コミュニケーション上の問題で、コミュニケーションの視点からその問題を捉え直すと、解決に結びつく場合が少なくないのではないかと思います。ここでは、特に支援の問題解決に必要なコミュニケーション能力について考えていきましょう。

　まず、どのようなステップで問題を解決していけばよいでしょうか。ここでは段階に分けて問題解決のコミュニケーションについて見ていきたいと思います。ただし、問題解決が必要な場面は状況により様々です。ここでは、あくまでもマニュアルではなく、参考にしていただければと思います。

　ここでは、1つの例として、次のケースについて考えてみましょう。

> ケース　新しく日本語教室を立ち上げたが、学習者が集まらない

ステップ1　現場に対峙する

　まず、現場に向き合っていくことが第一として挙げられるでしょう。問題が生じたときに、「こういう意味だから、こう解決しよう」とか「こういう事情でおきたのだろう」と考えがちですが、まず、問題の意味や原因、や解決方法を考える前に、ありのままの現場と向き合い、何が起きているのかを捉えていく能力が必要ではないかと考えます。先入観や判断が先に立って物を見てしまうと、事実そのものが見えなくなってしまいます。「何が起きたのか」「現場はどういう状況か」を解釈や判断を加えずに見るということがまず問題解決の第一歩といえるでしょう。このケースの場合、「現実」と向き合いどのような状況なのかを把握する必要があります。「新しく日本語教室を立ち上げたが、学習者が集まらない」とは具体的にどのような事実(状況)のことを指しているのでしょうか。

> この町で初めて日本語教室を立ち上げた。
> 立ち上げた後、一ヶ月たったが、学習者の数が2名である。

　つまり、ここで「新しく立ち上げた」とは、「この町で初めて立ち上げた」と言う事実を指しており、「学習者が集まらない」とは、「2名しかいない」ことを指して言っているということがわかります。

ステップ2　問題を分析、共有する

　次に、問題を分析することが挙げられます。まず、問題自体を整理する力が必要でしょう。問題がどんな状況の中で起きているのか、整理していくのです。

　メンバーでコミュニーションをしながらその問題を整理していくさい、そ

の問題の整理を共有できるようにしていくことが大切でしょう。皆さんは、道順を説明するときに、どのように相手に説明しますか。相手と「同じ地図」を描くことができるように、問題点を整理し、共有することが必要でしょう。相手とのコミュニケーションの際、次のようなことに留意していく必要があるでしょう。

> 相手が理解できるコンテクストで話しているか
> 相手の持っている情報の程度を理解して話しているか
> 相手の理解できる言葉(用語)を用いているか

次に、問題分析では、問題そのものがどういう状況(事実)であり、どういう解釈が可能か、ということを多角的な視点から見ていく必要があります。そのためには、できるだけ様々な立場に立って、多様な解釈をしていく能力が求められます。例えば、「新しく日本語教室を地域で立ち上げたが、学習者が集まらない」ということついて、その原因をできるだけ多角的な視点から考えてみましょう。どのような原因が考えられるでしょうか。

> ・学習者が通うのに不便な場所である
> ・日本語指導の開講時間帯が学習者の都合と合わない
> ・内容があまり面白くない
> ・内容が難しい
> ・学習者への宣伝の仕方が不十分で、教室の存在が知られていない

日本語教室の運営者や学習者の立場にたった場合、上記のような解釈が挙げられますね。いずれもネガティブな原因が挙げられました。しかし、この状況はネガティブな原因によるものだけでしょうか。ちょっと視点を変えたり、空間、時間的に少し広い視野に立って、原因が他にあるかどうか考えてみましょう。

> - 他の教室でもよく見られるように、教室を立ち上げたばかりであまり知られていないが、宣伝やネットワークを通じて今後増えるかもしれない
> - 現在は学習者が少ないのは、現在この地域に外国籍住民が一時的に少ないためであるが、今後再び増加する可能性がある。
> - 同じような日本語教室が周辺に増えているため、学習者が分散してしまっている。

　ここでは、日本語教室そのものを少し広い空間である地域の中で捉え直したり、あるいは長期的な視野で捉え直して問題の原因を解釈してみたものです。問題の要因を考える際、空間、時間的に広い視野から捉え直してみるのも多様な要因を考える1つの方法です。

　多様な要因を出した後、様々な状況とも合わせながらどの原因が大きいと考えられるのか、問題の要因を絞り込んでいきます。この段階でもコミュニケーションが重要な役割を果たします。

　ステップ3　問題の解決案を考える

　次に、問題の解決案を考える段階になります。この段階の前にまず必要なのは、「問題が解決可能か」「解決不可能か」について知ることでしょう。どんな問題でも解決できるというわけではありません。では、解決可能な問題についてはどのように解決していったらよいかということについてコミュニケーションの観点から考えていきたいと思います。

【解決のためのアイデアを出し合う】
　まず、問題解決のためのアイデアを出し合います。前の段階で、出された問題の原因をもとに、解決策を出し合います。この時は様々な観点からできるだけ多く解決案を出し合っていきます。様々なアイデアを出し合うブレーンストーミングの場では、できるだけ開かれた質問を用いるのがいいでしょ

う。アイデアが出し切らないうちに収束してしまわないように、開かれた気持ちでコミュニケーションしていくことが大切です。出された案には判断を加えず、とにかくどんどんアイデアを出していきましょう。出すだけではなく耳を傾けていく姿勢も大切です。このとき、対人コミュニケーションの章で扱った傾聴、エポケーは重要です。

【意見を調整する】

次に、出されたアイデアを調整していく段階になります。この段階では、異なる意見をもつアイデアが衝突したり、折り合いをつけていかなければならない段階です。

まず、この段階で大切なのは、「どう解決していくのか」「どのような状況が最も望ましいのか」という目標をメンバーが共有していることです。そして、意見を調整しながら、出されたアイデアを重要度を考えながら整理していきます。異なる相手の意見を聴くときは、「自分の感情」は脇において、「相手が何を言おうとしているのか」に集中しましょう。「異なる」と捉えていても、単に見方が違っていたり、述べ方のコミュニケーションスタイルが異なるだけで、実は自分と同じ内容だったりするかもしれません。また、一見異なる意見のように見えても、実は大きな枠組みで捉え直すと、同じ意見として括ることができる場合もあります。また、明瞭でない点、誤解しているかもしれないと思った時は、確認していくことが大切でしょう。

また、A案とB案で意見が対立した場合、「どちらかに決めなければいけない」と思いがちです。しかし、見方を変えるとA案とB案を融合したり、新たに第三案を創りだすことも可能なのです。例えば、前述の日本語教室の例ですが、「日本語教室の運営をやめるか」「このまま続けるか」で対立していたとします。解決案としては、二者択一で決定するのではなく、第三の案「運営の方法を工夫して続ける」「場所を移して続ける」「日本語教室ではなく母語教室を開く」も考えられるのです。

この段階のコミュニケーションでは、忍耐や寛容性、視点を変換させるような見方が必要です。

【まとめる】

　次に、まとめていく段階です。この時は、アイデアを出し合っていくコミュニケーションとは異なり、できるだけ収斂させていくコミュニケーションが必要になります。まとまりそうな時に、「他にもあるかと思いますが、いかがでしょうか」というオープンな姿勢の質問をしてしまうと、まとまりかけていたアイデアもまとまらず、ますます議論が拡散してしまいます。何が重要かということを重視してまとめていく力が必要になります。また、まとめていく段階である、ということをメンバーが共有していることも大切です。

　ステップ4　　解決策を実行、フィードバックを行う

　次にいよいよ解決策を実行に移す段階です。この時は、実際に実行に移していくと同時に、フィードバックを行っていくことが大切です。フィードバックは、1人ではなく、多数で、しかも多様な立場や視点から行っていくことが必要ではないかと思います。単に「よかったか悪かったか」という観点ではなく、気づいた様々な点を共有していくことが重要でしょう。例えば、日本語教室の運営方法（時間帯）を変えた場合、単に学習の効果があったか、学習者の人数が増えたかどうかだけではなく、様々な立場からフィードバックを行う必要があるでしょう。例を挙げてみます。

・学習者へのメリット、デメリットは
・学習者の家族へのメリット、デメリットは
・支援者へのメリット、デメリットは
・学習の効果は
・教室と地域の相互的な影響のメリットとデメリットは

　このように単に学習者だけではなく、とりまく環境も含めて多角的に見ていく必要があるでしょう。また、フィードバックのコミュニケーションに

は、自由に意見を出していける雰囲気が大切です。

　以上ここでは支援のコミュニケーションについて考えてきました。支援するということは支援者、被支援者がその枠組みを超えて共に成長していくことといえるでしょう。そしてそのためには、双方向のコミュニケーションが重要な役割を果たしているのです。そして、支援においては、1人ではなく、様々な機関の人たちとの連携やコミュニケーションも大切になります。
　また、支援の現場は、実際には多種多様です。相手はこのようなタイプだろう、と決めつけずに、相手も自分も常に変化していく存在であるということを心に留めつつ、相手と向き合っていく姿勢が大切ではないかと思います。

実践してみよう！

1　相談場面を体験しよう

　次の相談場面を、相談する側、される側にわかれてロールプレイをしてください。

> Aさんは、大学1年生です。音楽のサークルに入っているのですが、最近同じパートの5名とうまくいっていないと悩んでいます。練習の後、皆がまだ残っているうちに1人だけ先にアルバイトがあるために帰ってしまうのが原因かもしれないとも思っていますが、他に原因があるかもしれません。Aさんは、できればうまく5名とやっていきたいと思っていますが、このまま悩んでいるよりはサークルをやめてしまおうかとも思っています。

　ロールプレイの後、次の点をふりかえってみてください。
　①傾聴的態度

②反射
③言い換え
④質問
⑤要約化
⑥促し

  2　活動をどうサポートする？

　7～8名のグループに分かれ、グループで2名程度ファシリテーターを決めてください。まず、次の活動を行う間、1）ファシリテーターは側面から活動をサポートしてください。次に、2）活動が終わった後、その活動のふり返りを行動面、感情面について行ってください。

> 活動例1　模造紙、雑誌、色紙、のりを用意します。模造紙に貼付ける形でグループを象徴する作品をつくってください。（あるいはテーマを個別に決めてもよい）
> 活動例2　グループで、次のテーマで話し合いをしてください。
> クラスを活発にするために賛否両論分かれるテーマを授業で扱いたいが、どのようなテーマが考えられるか。

　1）と2）が終わった後、全体をふりかえって全員でファシリテーターの次の点について気づいたことを話し合ってください。
①ブレーンストーミングでは自由に意見が出せる環境だったか
②評価を下さない態度だったか
③状況への感受性はあったか
④対話を促進するようにしていたか
⑤プロセスを共有するようにしていたか
⑥振り返りでメンバーの内省が促すようにしていたか

3　解決方法は？

　次の問題について、グループで話し合い、できるだけ多くの原因、及び解決方法を考えてください。

> 日本語教室のボランティアのミーティングを月一回A公民館で開催している。昨年までは集まりがよかったが、最近参加人数が減ってきている。ボランティアそのものの数は変わっていないのだが、ミーティングに参加する人数は昨年は毎回ほぼ20人近く集まっていたが、昨日のミーティングでは数名だった。このままだと運営上の様々なことを決めていけない。どうすればよいだろうか。

参考文献

序章

Berger, C.R., & Chaffee, S.H. (1987). (eds.), *Handbook of Communication Science*. Newbury Park, CA: Sage Publications.
Miller, K. (2002). *Communication Theories: Perspectives, Processes, and Contexts*. New York: McGraw Hill
Watzlawick, P., Beaven J.H., Jackson, D.D. (1967) *The pragmatics of human communication*. NY: W.W. Norton & Company.

1章　自己開示とコミュニケーション

安藤清志 (1994)『見せる自分 / 見せない自分：自己呈示の社会心理学』サイエンス社
植村勝彦・松本正志・藤井青也 (2000)『コミュニケーション学入門』ナカニシヤ出版
D.C. バーンランド (1979)『日本人の表現構造』サイマル出版
深田博巳 (1998)『インターパーソナル・コミュニケーション』北大路書房

2章　アイデンティティとコミュニケーション

東照二 (2000)『バイリンガリズム』講談社現代新書
井上孝代 (1997)『留学生の発達援助』多賀出版
エレン・ナカミズ (2003)「コード切り替えを起こすのは何か」『月刊言語： 特集移民コ

ミュニティの言語』Vol.32, No6.
佐藤郡衛 (2005)「海外子女教育にみる『日本人性』の問題とその再考」『ひとを分けるものつなぐもの』ナカニシヤ出版
渋谷真樹 (2001)『「帰国子女」の位置取りの政治』勁草書房
関口知子 (2003)『在日日系ブラジル人の子どもたち』明石書店
戴エイカ (1999)『多文化主義とディアスポラ』明石書店
徳井厚子 (2006)「会話における『異文化性』のダイナミズム－相互行為分析の視点から」『言外と言内の交流分野－小泉保先生傘寿記念論集』大学書林
徳井厚子 (2005)「会話を科学する」『異文化コミュニケーション研究法』有斐閣
西阪仰 (1997)『相互行為分析という視点』金子書房
星野命 (1983)「子どもたちの異文化体験とアイデンティティ」『異文化に育つ子どもたち』有斐閣
星野命 (1994)「異文化の中で養うポジティブな心と自我アイデンティティ」『現代のエスプリ』322
細川英雄 (2002)『日本語教育は何をめざすか－言語文化活動の理論と実践』明石書店
箕浦康子 (2003)『子どもの異文化体験』新思索社
箕浦康子 (1995)「異文化接触の下でのアイデンティティ」『異文化間教育』9号
森下雅子 (2003)「日本語ボランティアグループにおける参加のデザイン」『21世紀の日本事情』第5号　くろしお出版
森本郁代 (2001)「地域日本語教育の批判的再検討—ボランティアの語りに見られるカテゴリー化を通して」『「正しさ」への問い』三元社
山ノ内裕子 (1998)「日系ブラジル人とは何か－在日日系ブラジル人をめぐる「戦略」と「戦術」」『トランスカルチュラリズムの研究』明石書店
吉川友子 (2001)「『異文化間交流』の実際－滞日学生と日本人の相互行為分析から」『「正しさ」への問い』三元社
Hall, S. (1992) The Question of Cultural Identity . S. Hall, D. Held, D. Hubert, and K. Tompson, (eds.) In Modernity and its Futures. Cambridge: Policy Press.
Hall, S. (1997) Cultural Identity and Diaspora. In Identity and Difference. K. Woodward, ed.: London, Sage
（ホール、小笠原毅訳：1998「文化的アイデンティティとディアスポラ」『現代思想』第26巻4号）

3章　価値観とコミュニケーション

ホフステード・G．(1995)『多文化世界：違いを学び共存への道を探る』有斐閣
守崎誠一 (2000)「価値観」西田ひろ子編『異文化間コミュニケーション入門』創元社
Chinese Culture Connection. (1987). *Chinese values and the search for culture-free dimensions of culture. Journal of Cross-cultural Psychology*, 18, 143-174.
Condon, J.C. and Yousef, F. (1975). *An Introduction to Intercultural Communication*. NY: Macmillan Publishing Company.
Hofstede, G. (1980). *Culture's Consequence: International differences in work-related values*. Beverly Hills, CA: Sage.
Hofstede, G. (1991). *Culture and Organizations: Software of the Mind*. Berkshire, England: McGraw-Hill Book Company Europe.
Hofstede, G. (2000). *Culture's Consequences: Comparing Values, Behaviors, Institutions, and Organizations Across Nations* (2nd ed.). Thousand Oaks, CA: Sage.
Kluckhohn, F., Strodtbeck, F.L. (1961). *Variations in Value Orientations*. Evanston, IL: Row, Peterson.
Segall, M.H., Dasen, P.R., Berry, J.W., and Poortinga, Y.H. (1990). *Human Behavior in Global Perspective: An Introduction to Cross-Cultural Psychology*. Needham Heights, MA: Allyn and Bacon.
Markus, H.R., Kitayama, S. (1991) Culture and Self: Implications for Cognition, Emotion. Psychological Review, 98, 224-253.
Stewart, E.C., Benette, M.J. (1991). *American Cultural Patterns: A Cross-Cultural Perspective*. Yarmouth, ME: Intercultural Press.

4章　非言語コミュニケーション

加藤哲夫 (2002)『市民の日本語：NPOの可能性とコミュニケーション』ひつじ書房
久保田真弓 (2001)『「あいづち」は人を活かす：新しいコミュニケーションのすすめ』廣済堂
コンドン、J. (1989)『異文化コミュニケーション』サイマル出版
渋谷昌三 (1990)『人と人との快適距離：パーソナル・スペースとは何か』日本放送出版協

会

大坊郁夫 (1998)『しぐさのコミュニケーション：人は親しみをどう伝えあうか』サイエンス社

マジョリー・F・ヴァーガス (1987)『非言語コミュニケーション』新潮社

桝本智子 (2000)「非言語」西田ひろ子編『異文化間コミュニケーション入門』創元社

モリス、デズモンド (1991)『マンウォッチング』上巻　小学館ライブラリー

Mehrabian, A., Wiener, M. (1967). *Inference of attitudes from nonverbal communication in two channels. Journal of Personality and Social Psychology*, 6, 109-114.

Barnlund, D.C. (1975). *Public and Private Self in Japan and the United States*. Tokyo: Simul Press.

Burgoon, J.K. (2003). Spatial Relationships in Small Group. In Hirokawa, R.Y., Cathcart, R.S. Samovar, L.A., and Henman, L.D. (eds.). *Small Group Communication Theory & Practice: An Anthology*. Los Angeles, CA: Roxbury Publishing Company.

Condon, C.J., Yousef, Fathi (1975). *An Introduction to Intercultural Communication*. New York: Macmillan Publishing Company.

Hall, E.T. (1966). *The Hidden Dimension*. New York: Doubleday.

Hall, E.T. (1976). *Beyond Culture*. New York: Doubleday.

Hall, E.T. (1983). *The Dance of Life*. New York: Doubleday.

Hall, E.T. (1998). Lecture by E.T. Hall at University of New Mexico, Albuquerque, NM.

Masumoto, T. (2000). *American Intern in Japanese Organizations: Participant Perceptions and Interpretations of Intercultural Communication in the US-Japan Industry and Technology Management Program*, Dissertation Abstracts International., University of New Mexico.

Sue, D.W., Sue, D. (1990). *Counseling the Culturally Different: Theory & Practice*. New York: John Wiley & Son.

Watalzwick, P., Beaven, J.H., & Jackson, D.D. (1967). *The Pragmatics of Human Communication*. New York: W.W. Norton & Company.

5章　対人コミュニケーション

久米昭元 (1993)「コミュニケーション研究の主な領域」『コミュニケーション論入門』桐原書店

平井一弘 (1993)「コミュニケーションのレベルとその理論的特徴」『コミュニケーション

論入門』桐原書店
ホール、エドワード (1977)『文化を超えて』TBS ブリタニカ
宮原哲 (1992)『入門コミュニケーション論』松柏社
渡辺文夫 (2002)『異文化と関わる心理学』サイエンス社
Hymes, D. (1979) On communicative competence. In J.B. Pride & J.Holmes(eds.) *Sociolinguistics*. New York: Penguin.
Knapp, M. (1978) *Social intercourse: From greeting to goodbye*. Boston: Allyn and Bacon.
LittleJohn, S.W. (1989) *Theories of Human Communication*. 6th ed. Belmont, CA: Wadsworth Publishing Company.
Napier, Ro.W., Gershenfeld, M.K. (1999). *Groups: Theory and Experience*. MA: Boston, Houghton Mifflin Company.
Martin, J. (1993) *Intercultural Communication Competence: A Review. Intercultural communication competence*. Newbury Park, CA: Sage.
Maslow, A. (1970) *Motivation and personality*. New York: Harper Collins.
Schutz, W. (1980) *A Three dimentional theory of interpersonal behavior*. New York: Holt, Reinehart, Winston.
Spitzberg, B. H., Cupach,W.R. (1984) *Interpersonal communication competence*. Beverly Hills, CA: Sage.
Ting-Toomy, S., Oetzel, J.G. (2001) *Managing Intercultural Conflict Effectively*. Thousand Oaks: Sage.
Wiemann, J. M., Kelly, C.W.(1981) *Pragmatics of interpersonal competence*. In C. Wilder-Mott, Weakland J.H. (eds.) *Rigar and imagination: Essays and from legacy of Gregory Bateson*. New York: Praeger.

6章　スモールグループコミュニケーション

Barker, L.L., Wahlers, K.J., and Watson, K.W. (2001). *Groups in Process: An Introduction to Small Group Communication*. Needham Heights, MA: Allyn & Bacon.
Cathcart, R. S., Samovar, L.A. (1975). Small Groups: Definitions, Models, and Forms. In Cathcart, R.S. & Samovar, L.A. (eds.). *Small Group Communication: A Reader*. Dubuque, IW: WM.C. Brown Company Publishers.

Coon, A.M. (1975). Brainstorming-A Creative Problem-solving Technique. In Cathcart, R.S. & Samovar, L.A. (eds.). *Small Group Communication: A Reader* (2nd ed.). Dubuque, IW: WM.C. Brown Company Publishers.

Fisher, A. B. (1980). *Small Group Decision Making* (2nd ed.). New York; McGraw-Hill Book Company.

Hirokawa, R.Y. (2003). The Nature of Groups. In Hirokawa, R.Y., Cathcart, R.S. Samovar, L.A., and Henman, L.D. (eds.). *Small Group Communication Theory & Practice: An Anthology*. Los Angeles, CA: Roxbury Publishing Company.

Hoover, J.D. (2005). *Effective Small Group and Team communication*. Belmont, CA: Wadsworth.

Janis, I.L. *Groupthink: Psychological Study of Policy Decisions and Fiascos* (2nd ed.). Boston, MA: Houghton Mifflin.

Lumdsen, G., Lumdsen, D. (2000). *Communicating in Groups and Teams: Sharing Leadership*. CA: Belmont, Wadsworth. "The CIA takes the blame" The Week. July 23, 2004. Vol.4, 166, page 4.

7章 支援のコミュニケーション

アイビーA.H. (1985)『マイクロカウンセリング』福原真知子、椙山喜代、国分久子、楡木満生 (訳編) 川島書店 (Ivey, A. H., 1983 Introduction to Microcounseling. Brooks)

上地安昭 (1990)『学校教師のカウンセリング基本訓練』北大路書房

金城尚美 (2003)「沖縄の日本語学習者と日本語支援コーディネータ」『現代のエスプリ：マルチカルチュラリズム—日本語支援コーディネータの展開』432号　至文堂

佐藤学 (1998)「現代社会の中の教師」『教師像の再構築　岩波講座　現代の教育6』岩波書店

杉澤経子・有田典代 (2004)「コーディネータの役割」文化庁編『地域日本語学習支援の充実—共に育む地域社会の構築へ向けて』

関口明子 (2004)「『地域日本語支援コーディネータ研修』プログラム」文化庁編『地域日本語学習支援の充実—共に育む地域社会の構築へ向けて』

津村俊充 (2003)「"教育ファシリテーター"になること」『ファシリテーター・トレーニング』ナカニシヤ出版

徳井厚子 (2003)「多文化共生時代の日本語支援コーディネータに求められる能力とは」『現

代のエスプリ：マルチカルチュラリズム—日本語支援コーディネータの展開』432 号　至文堂
富谷玲子 (1999)「教授者のネットワークと問題解決のストラテジー：日本語指導員のケース・スタディから」『日本語教育における教授者の行動ネットワークに関する調査研究』日本語教育学会
野山広・有田典代 (2004)「コーディネータに必要な資質と能力」文化庁編『地域日本語学習支援の充実—共に育む地域社会の構築へ向けて』
野山広 (2003)「多文化主義の時代に不可欠なコーディネータの存在」『現代のエスプリ：マルチカルチュラリズム—日本語支援コーディネータの展開』432 号　至文堂
山口真人 (2003)「学級集団の成長と教育ファシリテーション」『ファシリテーター・トレーニング』ナカニシヤ出版
松本卓三編著 (1996)『教師のためのコミュニケーションの心理学』ナカニシヤ出版
柳原光 (1976)『Creative O.D. 人間のための組織開発シリーズ 1』プレスタイム
渡辺文夫 (2002)『異文化と関わる心理学』サイエンス社
Gazda, G. M., Asbury,F.S., Balzer,F.T., Childers,W.C., Walters,R.P.(1984) *Human relation development* (Manual for educators. 3rd ed) . Boston: Allyn and Bacon.
Nelson-Johns, R.(1990) *Human relationship skills* (2nd ed.). London: Cassell Publishers. （日本語訳　相川充 (1993)『思いやりの人間関係スキル』誠信書房）
Rogers, C.R. (1966) Client-Centered Therapy. In S. Arieti (ed.), *American Handbook of Psychiatry*, Vol. 3　New York: Basic Books.

あとがき

　本書は、わたしたちがふだん何気なく行っているコミュニケーションを「意識化」し、日本語教育などの様々な現場で使っていただくことを目的に書いたものです。ちょうど「コミュニケーション」を核にした本を書きたい、と思っていたときにひつじ書房の松本功さんから幸いお話をいただきました。様々なアドバイスなどもいただいたおかげでなんとか原稿を完成させることができましたことを、深く感謝しております。

　本書は、「コミュニケーション」という魔力(魅力？)にとりつかれてしまった2人の共同作品です。書きながらまだまだ勉強不足を痛感しましたが、ますますコミュニケーションの魔力にとりつかれてしまった、というのも本音です。

　本は、いったん出版してしまうと、著者の手元を離れ、雨の日も風の日もとことこ一人で歩いていかなければなりません。大それたことはいえませんが、この本を読んでくださった読者の皆さんが「コミュニケーションって面白いなあ」「こんなふうにすれば問題解決できる」と少しでも感じてくだされば幸いです。そして、そんな方にひとりでもこの本が出会ってくれればうれしく思います。

　本書を完成させるまでには、ひつじ書房の松本功さん、松原梓さんに大変お世話になりました。特に松本さんには、コミュニケーション領域のマトリクス(序章参照)を著者らと一緒に作成していただくなど、さまざまな面でお世話になりました。本をつくっていく過程も楽しいコミュニケーションでした。著者一同、心から感謝申し上げます。

2005年12月

　　　　　　　　　　　　　　　　　　徳井厚子　　桝本智子

索引

あ

アイコンタクト　62, 72
あいづち　77
アイデンティティ　23, 24, 25, 26, 27, 30, 31, 35
アイビー（A. H. Ivey）　143
アクセント　73, 74
アジェンダ　126, 127

い

言い換え　144
異文化性　27

う

ウィーバー（W. Weaver）　2

え

SMCRモデル　3
エポケー（Epoche; 判断留保）　104, 155

お

応答技法　143

OJT(On the Job Training)　158

か

カウンセラー　140
カウンセリング　143
確認　99
ガッズダー（G. M. Gazda）　141
活動志向　46
カルチュラルスタディーズ　25, 26
関係理論　87, 88
感情のレベル　96

き

聴き方　124, 129
共感（empathy）　142

く

空間　64
クライアント　140, 142, 143
クラックホーン（F. Kluckhohn）　46, 58
クリティカルな視点　98
グループの発達段階　115

け

傾聴　106
傾聴的態度　141
権力格差　50, 53
権力主義　54

こ

高コンテクスト　77, 97
コーディネーター　156, 157, 158, 162
コードスイッチング（code switching）　30, 31
個人主義　46, 49, 52, 54, 58
個人主義的な社会　51
コミュニケーションモデル　2
コンテクスト　76, 77
コンドン（J. L. Condon）　45, 46, 58
コンドン（W. Condon）　80

し

支援のコミュニケーション　121, 123, 139
時間　64
時間志向　46
時間の概念　78, 79
自己開示（self-disclosure）　9, 10, 12, 15, 71,
自己評価　134
自己評価項目　136
自己モニタリング能力　95
事実のレベル　96
姿勢　62
視線　64

シャノン（C. E. Schannon）　2
修正、調整能力　100
集団愚考　120, 133, 134
集団主義　49, 50, 52, 54, 58
集団主義的な社会　51
シューツ（W. Schutz）　86
柔軟性　101
周辺言語　62, 73
儒教的価値観　57
主体的な選択　25, 37
シュラム（W. Schramm）　3
象徴的（シンボリック）相互作用論　24
女性らしい社会　55
女性らしさ　50, 54
ジョハリの窓　12, 13
シンクロニー（同調動作）　64, 79, 80
身体接触　64, 69

す

スピード　74

そ

相互行為分析　27, 28, 29
相談場面　140, 143, 146

た

対人関係の問題解決　91

対人関係発展　87, 89
対人距離　64
対人コミュニケーション　83, 85
対人コミュニケーション能力　93
対話の促進　152
ダンス（F. E. X. Dance）　3
男性らしい社会　55
男性らしさ　50, 54

ち

地位的役割行動　47
沈黙　75

て

低コンテクスト　77, 97
ティン・ツーミー（S. Ting-Toomy）　108

と

統合的関係調整能力　104, 155
閉ざされた質問（Closed Question）　19, 107

な

内集団　52
内省　154
ナップ（M. Knapp）　89

に

人間関係志向　46
人間性志向　46
人間対自然志向　46

ね

ネルソン・ジョーンズ（R. Nelson-Johnes）　146

は

バーロ（D. K. Berlo）　3
バーンランド（D. Barnlund）　70
バグーン（J. Bargoon）　67
発達段階　116
反射（リフレクション）　106, 144
反省的実践家（reflective practitioner）　148

ひ

非言語行動　141
開かれた質問（Open Question）　19, 107

ふ

ファシリテーター　118, 128, 130, 147, 148, 149, 151, 155
フィードバック　124, 126
フィッシャー（Fisher）　115, 116

不確実性回避　49, 55
ブレーンストーミング　131, 132, 149
プロセス重視型　96
プロセスの共有　153
文化的価値観　50

ほ

防御的コミュニケーション　121, 123
ホール（S. Hall）　25
ホール（E. T. Hall）　64, 76, 79
ホフステード（G. Hofstede）　49, 50, 58
ポリクロニックタイム　79

ま

マイクロ技法　143
マインドフルな聴きかた　108
マズロー（A. Maslow）　85
マルチカルチュラルパーソン　38

も

目的重視型　96
モノクロニックタイム　79
モリス（D. Morris）　80
問題解決　162

よ

要約化　144
欲求　85

り

リーダー　118, 128, 129
リーダーシップ　128, 129, 130
リトルジョン（S. W. Littlejohn）　88
リフレイミング　108

ろ

ロジャーズ（C. R. Rogers）　142, 147

【著者紹介】

徳井 厚子 (とくい あつこ)
信州大学教育学部助教授（担当　序章、1章、2章、5章、7章）
（専門：異文化コミュニケーション、日本語教育）
著書：『多文化共生のコミュニケーション―日本語教育の現場から』2002　アルク、『異文化コミュニケーション研究法』（分担執筆）2005　有斐閣、『異文化間コミュニケーション入門』（分担執筆）2000　創元社

桝本 智子 (ますもと ともこ)
神田外語大学助教授（担当　1章、3章、4章、6章）
（専門：異文化コミュニケーション、組織コミュニケーション）
論文："Learning to 'Do Time' in Japan", 2004, International Journal of Cross Cultural Management, Sage Publication
著書：『文化摩擦における戸惑い』（分担執筆）2004　創元社
『異文化間コミュニケーション入門』（分担執筆）2000　創元社

対人関係構築のためのコミュニケーション入門
日本語教師のために

発行	2006年4月14日　初版1刷
定価	1800円＋税
著者	Ⓒ 徳井厚子・桝本智子
発行者	松本　功
装丁	盛　早苗 (ae)
組版	iMat
印刷製本所	三美印刷株式会社
発行所	株式会社 ひつじ書房

〒112-0002　東京都文京区小石川 5-21-5
Tel.03-5684-6871　Fax.03-5684-6872
郵便振替 00120-8-142852
toiawase@hituzi.co.jp　http://www.hituzi.co.jp/

ISBN4-89476-281-1　C1081

造本には充分注意しておりますが、落丁・乱丁などがございましたら、小社かお買上げ書店にておとりかえいたします。ご意見、ご感想など、小社までお寄せ下されば幸いです。

学びのエクササイズ、刊行開始。

1
学びのエクササイズ
認知言語学
谷口一美　1200円+税

2　次回刊行、2006年秋
学びのエクササイズ
ことばの科学
加藤重広　予価1200円+税

日本語表現法のニューウェーブ

日本語を書くトレーニング
野田尚史・森口稔　1000円+税

日本語を話すトレーニング
CD-ROM付き
野田尚史・森口稔　1100円+税

ピアで学ぶ大学生の日本語表現
大島弥生・池田玲子ほか　1600円+税

日本語教授法

成長する教師のための日本語教育ガイドブック（上下巻）
川口義一・横溝紳一郎　各2800円＋税

OPIの考え方に基づいた日本語教授法－話す能力を高めるために－
山内博之　2200円＋税

国際交流基金　日本語教授法シリーズ　全14巻